AF746453

www.ingramcontent.com/pod-product-compliance
Lightning Source LLC
LaVergne TN
LVHW050948051026
849532LV00005B/1755
* 9 7 8 9 3 6 9 0 8 0 0 5 2 *

# تنقیدی افکار

(حصہ اول)

(سہ ماہی 'ثالث' کے شماروں سے منتخب مضامین)

مرتب:

اقبال حسن آزاد

© Eqbal Hasan Azad
**Tanqeedi Afkaar - Part:1** *(Literary Essays)*
by: Eqbal Hasan Azad
Edition: March '2025
Publisher :
*Taemeer Publications LLC* (Michigan, USA / Hyderabad, India)

ISBN 978-93-6908-005-2
9 789369 080052



| | | |
|---|---|---|
| کتاب | : | **تنقیدی افکار** (حصہ اول) |
| مرتب | : | **اقبال حسن آزاد** |
| صنف | : | تحقیق و تنقید |
| ناشر | : | تعمیر پبلی کیشنز (حیدرآباد، انڈیا) |
| سالِ اشاعت | : | ۲۰۲۵ء |
| صفحات | : | ۷۶ |
| سرورق ڈیزائن | : | تعمیر ویب ڈیزائن |

# فہرست

● مشرف عالم ذوقی

# قصہ ہے، کہانی ہے، پہیلی ہے......

روایت یوں ہے: ایک دادی اماں تھیں، بہت سے بچے تھے اور نہیں ختم ہونے والا قصہ تھا۔
رات ہوتی تو دادی اماں، بچوں کو گھیر کر بیٹھ جاتیں اور قصہ شروع ہو جاتا۔ وہی نہیں ختم ہونا والا قصہ۔
روایت یوں ہے: وقت کا پہیہ گھومتا رہا۔ وہی دادی اماں تھیں۔ وہی بچے تھے وہی قصہ تھا۔
لیکن......اب بچے دادی اماں کا ساتھ چھوڑنا چاہتے تھے۔ وہ انٹرنیٹ، گیم شو، کامکس، ڈبلیو ڈبلیو اف یا کوئی دلچسپ فائٹ سیکوئنس دیکھنا چاہتے تھے......
دادی اماں اپنے اس شغل، کو جاری رکھنا چاہتی تھیں۔ انہیں خوف تھا وہ بالکل اکیلی اور تنہا ہو چکی ہیں......یہ شغل بھی ہاتھ سے گیا تو ان کی اہمیت ہی کیا رہ جائے گی۔ قصے کہانیوں میں اور گھر میں؟
اور قصہ — برسوں سے، بار بار ایک ہی سر میں سنائے جانے والے قصے کو اب نیند بھی آنے لگی۔

روایت یوں ہے:
دادی اماں نے کہانی شروع کی۔
بچوں نے بوجھل پن کا مظاہرہ کیا
اور قصہ....اچانک وہ اچھل کر دادی اماں کے ہونٹوں سے نکل کر، پھدکتا ہوا دادی اماں اور بچوں کے سامنے آ گیا۔
''سنو میں جا رہا ہوں''
لیکن کہاں جا رہے ہو؟ دادی اماں بوکھلا کر چیخیں۔
''تم سب سے دور۔ تمھیں اب میری ضرورت نہیں رہی۔ قصہ جاتے جاتے رکا— سنو، میں اب کبھی واپس نہیں آؤں گا۔
دادی اماں مغموم ہو گئیں۔
دادی اماں اس دن سے کسی بھی گھر میں نہیں پائی جاتیں۔
روایت یوں ہے کہ اس دن سے قصہ کبھی گھر میں دیکھا نہیں گیا۔
اور روایت یہ بھی ہے کہ اسکول کے موٹے موٹے وزنی بستے اٹھانے والے بچوں کو اب اس کی ضرورت بھی نہیں رہ گئی تھی۔

۱۹۴۸ء میں ژاں پال سارتر کی اہم کتاب منظر عام پر آئی تھی۔ادب کیا ہے۔اس کتاب پر سارتر نے دلائل کے ذریعے اپنے موقف کا اظہار کیا تھا۔سارتر کے مطابق عصری ادب کو جمالیات اور لفظوں کی قلابازی سے بچنا ہوگا۔عصری ادب نئے سماجی نظام اور نئی سیاسی صورتحال سے گریز کرہی نہیں سکتا۔سارتر نے صاف طور پر کہا......ایک مصنف کے طور پر ہمارا کام اپنے عہد کی نمائندگی کرنا ہے۔اور اپنے ہونے کی گواہی دینا بھی ہے۔سارتر نے یہ بھی کہا کہ Poetry میں ہم زبان کے ساتھ کھلواڑ تو کر سکتے ہیں، تجربے بھی کر سکتے ہیں مگر فکشن کے لئے یہ تجربے خطرناک ہوں گے۔سارتر کی نظر میں لکھنے والے کا کام ہتھیار کو ہتھیار کہنا ہے، یعنی جیسا کہ وہ ہتھیار ہے۔اگر لفظ، مرض میں مبتلا ہیں تو پہلا کام یہ ہونا چاہئے کہ ہم اس مرض (لفظ) کا علاج کریں۔شاید اس لئے سارتر نے جدید ادب کو ایک اور نام دیا۔لفظوں کا کینسر۔

ہم کیوں لکھتے ہیں؟ کیا لکھنا ایک میکانیاتی عمل کا حصہ ہے۔کیا لکھنے سے کبھی ہمارے سماج یا معاشرے میں کوئی تبدیلی بھی آتی ہے۔ترقی پسند جن تبدیلیوں کی باتیں کرتے ہوئے سامنے آئے تھے، کیا ان تبدیلیوں نے کسی حد تک سماج اور معاشرے کا چہرہ بدلنے میں کوئی کردار ادا کیا تھا؟ یا جدیدیت کو تسلیم کریں تو لکھنا محض ادب کی حد تک ہے اور اس سے کسی قسم کی تبدیلی کی امید ہی فضول ہے۔نئی کہانی کیا ہے؟ کیا وقت کے ساتھ ادب کا منظرنامہ بھی تبدیل ہوتا ہے؟ صارفیت نے کس حد تک ہماری زندگی کو متاثر کیا ہے؟

نئی کہانی کے منظرنامہ پر غور کرتے ہیں تو ہزاروں سوال ہیں جو سانپ کی طرح کنڈلی مار کر سامنے آجاتے ہیں۔یہ بھی حقیقت ہے کہ آج زندگی کی ریس میں بھاگتے ہوئے عام آدمی کو ادب کی ضرورت نہیں ہے۔نئی تکنالوجی کا خیر مقدم کرتے ہوئے اس نے اپنی زندگی سے ہی ادب کو خارج کر دیا ہے۔سوال یہاں سے بھی پیدا ہوتے ہیں جب عام آدمی نے ادب کو مسترد کر دیا ہے تو کیا ہم محض خوش فہمیوں کا شکار ہیں؟ ادب برائے زندگی اور سماجی حقیقت پسندی کے دعوے کھوکھلے ہو چکے ہیں۔ہم کیوں لکھتے ہیں؟ کا جواب آج تک نہیں مل سکا۔مارکیز سے لے کر مویان اور پابلو کو لہو تک اس کے جواب مختلف ہوں گے......اردو میں بھی اکثر ایسے سوالوں کے جواب تلاش کیے جاتے ہیں پھر بھی کیوں لکھتے ہیں، کی الجھن دور نہیں ہوتی— آغاز سے ہی اردو ادب کو تحریکوں کا ساتھ ملا اور ہر ادبی تحریک نے اچھے ادب کے لئے راستہ بھی ہموار کیا۔رومانی تحریک سے لے کر ترقی پسند، جدیدیت اور مابعد جدیدت تک جہاں برے لکھنے والے سامنے آئے وہیں بہتر لکھنے والے بھی تھے، جن کی شناخت میں کوئی دشواری نہیں ہوئی۔اس طرح کی تحریکوں کا سامنے آنا دراصل یہ باور کراتا ہے کہ ہر عہد میں ادبی تاریخ راہ نما کے فرائض بھی انجام دیتی ہے اور اس کے پس پردہ ایک زبان، اس کی روایت اور اس کے کلچر کو از سر نو تنقیدی اصولوں کی روشنی میں پرکھنا چاہتی ہے۔عرصہ پہلے ڈاکٹر محمد حسن نے اپنے رسالہ عصری ادب میں نورتن کے نام سے ادب کا جائزہ لیا تھا تو اس وقت جدیدیت کے فروغ کے باوجود ترقی پسند تحریک کا اثر زائل نہیں ہوا تھا۔پروفیسر قمر رئیس اور ڈاکٹر محمد حسن دونوں اپنی اپنی سطح پر تحریک کو فروغ دے رہے تھے۔۲۰۱۲ء کے ختم ہونے تک اردو ادب تحریکوں سے باہر نکل کر ایک ایسی بھول بھلیاں کا شکار ہے جہاں راستہ گم ہے اور تہذیبوں کا تصادم جاری۔ایک مردہ زبان کو زندہ رکھنے کی کوششیں اور ہندستانی لکھاڑیوں کا حال یہ، کہ مشکل سے کبھی کبھی سال دو سال پانچ سال میں کوئی ایک کہانی سامنے آجاتی ہے۔ایک زمانہ تھا جب ترقی پسند تحریک کے زیر اثر لکھنے والوں کی ایک بڑی قطار سامنے

آ گئی تھی۔ جدیدیت اور مابعد جدیدیت نے بھی لکھنے والوں کو متاثر کیا۔ تحریکیں کہیں نہ کہیں ادیب کو خواب سے جگانے کا کام کرتی ہیں اور تحریکوں کے سست یا کمزور ہوتے ہی ادب بھی حاشیہ پر چلا جاتا ہے تو کیا سن ۲۰۱۳ تک آتے آتے اردو ادب حاشیہ پر چلا گیا ہے؟

اردو ادب کی صحیح صورتحال کا جائزہ لیجئے تو اس حقیقت سے انکار ممکن نہیں کہ ان دنوں ادب بے سمت ہے اور لکھنے والے خاموش۔ یہاں یہ وضاحت ضروری ہے کہ یہ گفتگو ہندستانی منظرنامہ کو لے کر ہو رہی ہے۔ پاکستان کا منظرنامہ اٹھائیے تو علی اکبر ناطق سے لے کر طاہرہ اقبال تک، ادب کے نئے منظرنامے میں کئی ایسے دستخط اپنی مضبوط شناخت کے ساتھ سامنے آئے ہیں جن کے بغیر نئے افسانے پر گفتگو ممکن ہی نہیں ہے۔ انور سین رائے کی کہانی کا یہ اقتباس دیکھیے —

''اسی شام جب مسخرہ کرتب دکھا کر لوگوں کو ہنسا رہا تھا ایک بلی چھولداری میں گھس آئی، طوطے نے بہت شور مچایا اور پوری آواز سے مسخرے کو پکارا، لوگوں کے قہقہوں کی آوازیں اتنی اونچی تھیں کہ کسی کو کوئی آواز سنائی نہیں دے سکتی تھی لیکن پھر بھی مسخرے کو طوطے کی آواز سنائی دی لیکن اس نے اس پر توجہ نہیں دی اور سوچا کہ ضرور یہ اس کا وہم ہے یا اس کی بیوی، گدھے اور ریڈیو کی کوئی نئی کارستانی۔ وہ فریاد کرتی آواز کو جھٹک کر لوگوں کو ہنسانے پر لگا رہا۔ بلی نے ایک ایسی چھلانگ لگائی کہ طوطے کے نیچے جھولے کی رسی پر ڈھیلی پڑی اور وہ نیچے زمین پر آ رہا۔ اب بلی اس کے سامنے تھی۔ آوازیں اس کے حلق سے نکلنا بند ہو چکی تھیں، اس کا جسم ایسے بے حرکت ہو گیا تھا جیسے اس میں جان ہی نہ ہو، اس نے بے بسی سے آنکھیں بند کر لیں۔

قصہ گو کی آنکھیں بند تھیں اور اس کی آواز کہیں دور سے آتی ہوئی محسوس ہو رہی تھی۔ اس نے کہا:

یہ صرف ایک قصہ ہے میں کبھی کسی مسخرے سے نہیں ملا، کسی مسخرے نے کبھی اپنی بیوی کو نہیں چھوڑا، کسی گدھے نے کبھی انسانوں کی زبان میں بات نہیں کی اور کوئی ریڈیو کبھی اپنی مرضی سے نہیں چلا، یہ سب ایک قصہ ہے صرف قصہ، لیکن جب لوگ اٹھ کر جا رہے تو قصہ گو کو پھر وہی آواز سنائی دی جو ہر بار اسے اس قصے کے انجام پر سنائی دیتی تھی اور اس نے ایک بار پھر اپنے آپ سے وہی بات کہی جو وہ ہر بار کہتا تھا: کاش اس دن میں نے پر کھولنے کے لئے طوطے کی بات مان لی ہوتی۔''

— سرکس کے ایک مسخرے کا اختتام (انور سن رائے)

مسخرہ، مسخرے کی بیوی، طوطا اور گدھے کو لے کر بنے گئے اس قصے میں آج کی اردو کہانی کی گونج سنی جا سکتی ہے۔ پرانے لوگ ایک ایک کر کے ہمارے درمیان سے اٹھنے لگے ہیں۔ قصہ گو خاموش ہے۔ تحریکیں بے اثر اور لکھنے والے دو چند — پڑھنے والے اور بھی کم — تخلیقی کائنات کے سوتے خشک ہوتے جا رہے ہیں — بڑے نام کنارے ہو لئے۔ کچھ باقی ہیں۔ یا یہ کہا جا سکتا ہے کہ ابھی بھی تازہ دم لیکن آپ بہتر جانتے ہیں کہ خموشی آنے والے طوفان کا پیش خیمہ ہوتی ہے۔ کبھی کبھی جمود کی کیفیت کے بعد جو ادب سامنے آتا ہے، وہ نئی تعبیروں اور نئی فکر کے ساتھ اتنا قیمتی ہوتا ہے کہ نہ صرف اس میں زندگی کے نئے فلسفے شامل ہو جاتے ہیں بلکہ ایک عہد کے آئینہ کو بھی اس تخلیقی کائنات میں بہ آسانی محسوس کیا جا سکتا ہے۔

نئی کہانی کے پس منظر میں تیز گامی کے ساتھ سائنس اور کلچر نے بھی اپنی جگہ محفوظ کر لی ہے — اس نئے صارفی سماج کی اپنی تہذیب، اپنا منظرنامہ ہے — زندگی بہت حد تک بدل چکی ہے — نوجوانوں کی فکر میں سب سے زیادہ تبدیلیاں آئی ہیں۔ عہد کی ان تبدیلیوں نے فلم اور سماج دونوں کو متاثر کیا ہے۔ ہندستانی فلموں کا رخ کریں تو درخت کی چھاؤں میں گانا گانے والے ہیرو ہیروئن کا دور رخصت ہو چکا ہے۔ ملٹی پلیکس سنیما نے غور وفکر کرنے والی فلموں کا آغاز کر دیا ہے۔ سماج سے سیاست اور نئی دنیا کا چہرہ بھی تبدیل ہو چکا ہے۔ ظاہر ہے اس کا اثر اردو ادب پر بھی پڑنا تھا۔ ہم ایک ایسے کنفیوژن یا Re-mix کلچر کا حصہ بن رہے ہیں جہاں مارخیز، بورخیس سے لے کر مو یان تک کو بیانیہ سے الگ داستانوں، اساطیر اور Folk کہانیوں میں پناہ تلاش کرنی پڑتی ہے۔ سپاٹ بیانیہ کا دور رخصت ہو چکا ہے۔ اس لئے کہ فیوژن یا اس ری مکس تہذیب میں کچھ بھی سپاٹ نہیں ہے۔ نتیجتاً کہانیاں اندھیرے، ناامیدی، خدا کی شناخت اور زندگی کے نئے فلسفوں میں الجھ کر رہ گئی ہیں — رحمٰن عباس کی طویل کہانی خدا کے سائے میں آنکھ مچولی دیکھیے تو یہاں خدا حیران کرنے والے لوگوں کے درمیان سوالیہ نشان بن کر سامنے آتا ہے۔ انور سین رائے کی کہانی دیکھیں تو خدا کی ذات مسخرے کی دنیا میں نئے سرے سے اپنی شناخت کر رہی ہے — نئی صدی کے تیرہ برسوں میں نئی کہانی کا نہ صرف مزاج بدلا ہے بلکہ نئی کہانی میں ہیئت، اسلوب اور زبان و بیان کی سطح پر بھی کافی تبدیلیاں آئی ہیں۔

کہانی اپنے نئے منظرنامہ میں اتنی بھیانک کیسے ہوگئی تو اسکا سیدھا اور آسان سا جواب ہے، کیونکہ دنیا بھیانک ہو چکی ہے۔ ٹھیک ویسے ہی جیسے زمانہ پہلے ہرمن ہیسے نے کہا تھا۔ پرانی دنیا کا زوال نزدیک آ چکا ہے۔ ایک نئی دنیا جنم لینے والی ہے۔ بھیانک تباہی کا اندیشہ ہے۔ غور کریں تو اس بھیانک تباہی کا اندیشہ سچ ثابت ہوا ہے۔ سن ۲۰۰۰ کی شروعات ہی ایک اغوا کیے گئے طیارے سے ہوئی۔ ۳۱ دسمبر ۱۹۹۱ کا دن دہشت گردی کے عروج اور دنیا کے خاتمے کا پیغام لے کر آیا تھا۔ سن ۲۰۰۰ کے بعد سیاسی اور سماجی تبدیلیوں نے ایک عالم کو متاثر کیا۔ یہاں اسامہ ہیرو تھا اور ورلڈ ٹریڈ ٹاور پر حملہ ایک ایسا حملہ تھا جو تیزی سے بدلتی ہوئی دنیا کا نیا منظرنامہ لکھنے کی تیاری کر رہا تھا۔ ہندستان کے سیاسی پس منظر میں دیکھیں تو ان تیرہ برسوں میں 26/11 اور گودھرہ حادثہ نے آنکھوں کی نیند چھین لی۔ سیاست کے شعلوں نے بہت حد تک تہذیب و تمدن اور سماجی ڈھانچے کو بھی متاثر کیا تھا۔ ڈپریشن اور اس سے ملے جلے امراض میں مسلسل اضافہ ہو رہا تھا۔ اور حاصل یہ تھا کہ بہت سے دکھوں نے اور ان کے اثرات نے انسان کو اکیلا اور بے دست و پا بنا دیا تھا۔ دیکھا جائے تو کہانیوں نے دکھ کی اسی زمین سے موضوعات تلاش کیے تھے۔

''اے لمحوں کے بخت تخلیق کرنے والے خدا!  
آنے والے لمحوں کو گزر چکے لمحوں سے مختلف کر۔  
انہیں ڈرون حملوں اور خودکش دھماکوں کے عذابوں سے نجات دے۔  
انہیں نہ ٹلنے والے عذاب لمحوں کی پچھل پیریوں کے آسیب سے بچا۔  
اے خدا!  
اے خستہ بدنوں میں صوت، صوت میں بیان اور بیان میں تخیل کی مقدس اڑان رکھ دینے والے خدا!

ہمارے تخیل کی اڑان میں مقدس خواب رکھ دے۔
اوران خوابوں کوتعبیر کی امید سے اجال دے۔
—— حمید شاہد(نئے سال کی پہلی دعا)

نئی صدی کے تیرہ برسوں میں کئی بڑے نام خاموش ہوگئے۔ایسے نام انگلیوں پر گنے جاسکتے ہیں جنھوں نے ادب کی سمت ورفتار کو آگے بڑھانے میں تعاون دیا ہے۔اقبال مجید،غضنفر،حسین الحق،شوکت حیات،سلام بن رزاق، شموئل احمد،نعیم کوثر،عبدالصمد،رتن سنگھ،یاسین احمد،ترنم ریاض، شائستہ فاخری،اقبال حسن آزادنورالحسنین،احمد صغیر، قاسم خورشید،ام مبین، اشتیاق سعید کا سفر جاری ہے۔نورالحسنین ایوانوں کے خوابیدہ چراغ،کے ذریعہ تاریخ کو آج کے حوالہ سے سمجھنے کی کوشش کر رہے ہیں۔احمد صغیر مسیحائی اوررات کے حوالے سے اس تبدیلی کومحسوس کر رہے ہیں جومغرب کے درمیان سے ہوتی ہوئی ہمارے ملک پراثر انداز ہوئی ہے۔شائستہ فاخری کے کئی افسانوں نے یہ یقین دلانے کی کوشش کی ہے کہ اردوافسانہ ابھی زندہ ہے۔اداس لمحوں کی خودکلامی،عصمت چغتائی کی کہانی لحاف کا نہ صرف ایکسٹینشن ہے بلکہ احتجاج کے نئے دروازے بھی کھولتی ہے۔غضنفر اپنی نئی کہانیوں میں داستان اور حکایتوں کا سہارا لے رہے ہیں۔ مانجھی میں بھی حکایتیں افسانے کوآگے بڑھانے میں نہ صرف تعاون دیتی ہیں بلکہ غالب کے اشعار کی طرح کہانی کو نئی معنویت سے روشناس کراتی ہیں۔نورین علی حق کی کہانی ایک سہما ہوا آدمی میں گلوبلائزیشن کا خطرہ صاف طور پر نظر میں آجاتا ہے۔جامع مسجد کے علاقہ میں پولس چوکی سے گزرتا ہوا ایک مسلم نوجوان آج کے ان مسلمان نوجوانوں کا چہرہ بن جاتا ہے جو بٹلہ ہاؤس جیسے حادثے کے بعد گھبرائے ہوئے نظر آتے ہیں۔

یہاں نام گنوانا منشا نہیں ہے۔ادب کے بارہ برسوں میں تخلیقی کائنات میں جوتبدیلیاں سامنے آئی ہیں اس کا تجزیہ ضروری ہے۔ادب بہت حدتک سمٹ چکا ہے۔لیکن یہ کم بڑی بات نہیں ہے کہ روزی روٹی سے رشتہ استوار نہ ہونے کے باوجوداردوابھی بھی شان سے زندہ ہے۔یہ ہر دور میں ہوتا ہے کہ ایک قلم خاموش ہوتا ہے اور دوسرا اسے تھامنے کے لئے آگے بڑھ جاتا ہے —— کبھی کبھی گہری خاموشی اور وقت کی یلغار کو سمجھنے میں کئی برس گزر جاتے ہیں۔آج یہی ہورہا ہے۔کئی بڑے قلم خاموش ہیں اورہمیں ان کے جاگنے کا انتظار ہے۔ادب حاشیے پرضرور ہے لیکن ادب زندہ ہے۔

کہانی کا نیا منظرنامہ مٹھی بھر ناموں کے ساتھ نئے فلسفوں کی تلاش میں سرگرداں ہے۔یہ تلاش دکھ موسم سے ہوتی ہوئی کہاں پہنچے گی،ابھی کچھ بھی نہیں کہا جاسکتا۔لیکن حقیقت کے ساتھ یہ ضرور کہا جاسکتا ہے کہ نئی کہانی پریم چند یا منٹو کی طرح سپاٹ بیانیہ کا شکارنہیں ہوگی۔ایک طرف جدت اور حقیقت پسندی کے امتزاج سے نئے کولاژ تعمیر ہو رہے ہیں اور دوسری طرف لاسمتی،گمشدگی،فرقہ پرستی،دہشت گردی اور تیزی سے تبدیل ہوتی دنیا ئیں ہماری کہانیوں کا موضوع بن رہی ہیں۔اوران کے درمیان ایک بڑی حقیقت قاری ہے،جس کی نظر وقت اور حالات پر ہے۔جو بہت خاموشی سے کہانی کے اس بدلتے منظرنامے کو دیکھ رہا ہے۔کون جانے وہ کس رخ کو اپنی منظوری دیتا ہے اور کس رخ کو نظر انداز کرتا ہے——

◀◀ ● ▶▶

## ● صفدر امام قادری

# ظفؔر کمالی کی رباعیاں

فن کاروں کی صف میں تو شامل ہی نہیں؟ یا فن کی عدالت میں عادل ہی نہیں؟
کیوں تجھ سے گریزاں ہیں نقّاد ظفؔر تو کچھ بھی نہیں؟ ذکر کے قابل ہی نہیں؟

—

سُن! سُرمۂ اربابِ بصیرت ہوں میں قسمت سے جو ہاتھ آئے، وہ دولت ہوں میں
اے دورِ رواں مجھ سے کترا کے نہ چل پہچان مجھے، تیری ضرورت ہوں میں

ظفر کمالی کی رباعی گوئی پر گفتگو کی حدود مذکورہ دونوں رباعیوں سے متعیّن ہوتی ہیں۔ ایک طرف ناقدریِ زمانہ کی شکایت ہے تو دوسری طرف اپنے کارناموں پر مکمّل اعتماد بھی ہے۔ یہ دونوں اگر ''شاعرانہ صداقت'' کے بجائے حقیقی صورتِ حال کے ترجمان بن جائیں تو نقّادوں کی گریزپائی کا تدارک اور شاعر کے اپنے بارے میں دعوے کی جانچ پرکھ اور ثبوت کے لئے ایک نثری تحریر کا جواز قائم ہوتا ہے۔ ''سمٹے تو دلِ عاشق'' کے انداز میں کہہ دیں کہ ظفر کمالی کا دعوا صحیح ہے تو کوئی مضائقہ نہیں لیکن ایک تنقیدی خدمت گار کے لئے اس دعوے کی تہہ میں اُتر کر شاعر کے کلام کا بالاستیعاب مطالعہ زیادہ مناسب معلوم ہوتا ہے۔ اس تحریر کو شاعر کے دعوے کی تصدیق و توثیق یا نادرستی کے عالم میں انکار کی مدلّل تصویر سمجھنا چاہیے۔

ظفر کمالی پچھلے بیس پچیس برسوں سے گوشہ نشینی کے عالم میں رہتے ہوئے دھیرے دھیرے تنقید، تحقیق، ظرافت، شخصی مرثیہ گوئی، ادبِ اطفال، ترجمہ نگاری، مقدّمہ نویسی، ادبی صحافت، اردو اور فارسی میں کتبِ نصاب کی معیاری تدوین وغیرہ شعبوں کے تحت پختہ روشنائی میں ہزاروں صفحے شائع کر چکے ہیں۔ ایک درجن کے آس پاس مطبوعہ جلدوں کے ساتھ رسائل کے اوراق میں بکھری تحریریں بھی کئی کتابوں میں سمائیں گی۔ تصنیفی وفور کا بہ فضلِ خدا یہ عالم ہے کہ ان کے پاس ہر وقت کئی کتابوں کے مسوّدات غیر مطبوعہ شکل میں موجود ہوتے ہیں۔ اس مقدار، معیار اور جاں فشانی کے باوجود نہ قدر و منزلت کی طلب اور نہ شہرت پسندی کا رتّی بھر ہو کا۔ کتاب آئی، احباب اور عمائدین کے حلقے میں پہنچا دی گئی اور اگلے دن سے دوسری کتاب کی تیاری شروع ہو گئی۔ کسی سے تبصرہ لکھوالیں، کسی سے تقاضہ کریں کہ ہماری کتاب پر بھی دو صفحے لکھ

دو؛ ایسی کوئی خونہیں اپنائی۔ حد تو یہ ہے کہ ان کی متعدّد کتابوں پر کسی نے نہ تبصرہ کیا اور نہ ان کے کسی کارنامے کا احتساب۔ کسی اکادمی نے مالی اعانت دی اور نہ انعام کے لائق سمجھا۔ دل میں بہت ملال ہوا تو قدردانوں کو کبھی ظریفانہ لہجے میں اور کبھی رباعی کی نزاکتوں کے پردے میں حرفِ شکایت پیش کر کے پھر واپس گوشۂ گم نامی میں سمٹ جانا ظفر کمالی کو اگلے وقتوں کے لوگوں میں پہنچا دیتا ہے۔ شعر و ادب کی یہ فقیرانہ لَے ہوس پسند زمانے میں شاید ہی کسی دوسرے کے حصے میں آئی ہو۔ خوبی یہ کہ سُر تال اتنے سَدھے ہوئے ہیں کہ متعدّد طرح کے ہنگاموں کے بیچ اس ادبی صوفی کا آہنگ ایک لمحے کے لئے بھی بگڑتا نہیں۔ اصول بہ قولِ شاعر پہلے سے موجود ہے: گوشے میں ادب کے مجھے آرام بہت ہے۔

ظفر کمالی کی شخصیت اور کارناموں پر جب نگاہ پڑتی ہے تو نہ جانے کیوں الطاف حسین حالی کی شبیہہ آنکھوں میں اُتر آتی ہے۔ وہ جن لوگوں کے بیچ رہے، اپنے عہد میں ان سے کم شہرت پائی۔ جہاں جہاں گئے، کبھی بھی کوئی بڑا منصب انھیں پیش نہیں ہوا۔ 'انجمنِ پنجاب' میں محمد حسین آزاد کے سامنے حالی معمولی حیثیت کے مالک سمجھے جاتے تھے۔ علی گڑھ کی کانفرنسوں میں حالی سے زیادہ شبلی کی نظموں کا انتظار کیا جاتا تھا۔ غالب کے حلقۂ ارادت کے صفِ اوّلین میں حالی کی گنتی کہاں ہوتی ہے؟ حالی نے کبھی اپنی ادبی اہمیت کے لئے کوئی بلند بانگ دعوا کیا اور نہ کوئی منضبط انداز میں اپنی پہچان کے لئے وہ مُصر رہے۔ ادارہ سازی جس سے شناخت کا اضافی سلسلہ قائم ہوتا ہے، اس سے بھی وہ غافل رہے۔ حالی کی وفات کے اب سَو برس پورے ہونے کو آئے، کتنے مسلّمات ازخود وقت کی گرد میں ہَوا ہو گئے لیکن ایک الطاف حسین حالی ہیں جنھیں ہم اردو زبان کا عظیم غزل گو، نظم نگار، نقاد، سوانح نگار، معاشرتی ناول نگار نہ صرف یہ کہ مانتے ہیں بلکہ گذشتہ سَو برسوں میں ان کے مقام و مرتبے میں دوسرے، ہم عصروں کے مقابلے اضافہ ہی ہوتا جا رہا ہے۔ حالی کا کمال یہ ہے کہ اپنی علمی صلاحیت کا ایک ایک رَس نچوڑ کر بے مثال ادبی صحیفوں کا روپ دے دیا۔ سرسید، نذیر احمد، شبلی اور محمد حسین آزاد کے طلسماتِ ہنر کے فیضان میں ایک ٹھہراو دکھائی دیتا ہے لیکن حالی جیسا گوشہ نشیں اور خاموش طبع شخص اپنے سَو برس سے زیادہ پُرانے کارناموں کی نئی نئی تعبیرات کی بہ دولت اپنے زمانے کے مقابلے میں آج زیادہ مقبول و محترم ہوتا جا رہا ہے۔ آنے والے وقت میں یہ سلسلہ یقینی طور پر قائم رہے گا۔ ظفر کمالی کی شخصیت اور کارناموں کو حالی کے تناظر میں دیکھنے سے اپنے آپ بہت ساری چیزیں روشن ہو جائیں گی۔

ظفر کمالی کے کارناموں کا ایک بنیادی محور تحقیق ہے۔ قاضی عبدالودود اور رشید حسن خاں کی روایت میں ظفر کمالی کو نہیں شامل کرنا ان کے ساتھ بے انصافی ہوگی۔ متعدد رسائل و جرائد میں اُن کے جو تحقیقی تبصرے سامنے آئے، وہ اہلِ علم کے لئے چشم کُشا ہیں۔ آج سے تقریباً دو دہائی قبل ماہنامہ ''شاعر'' میں عطا کاکوی کی کتاب 'غلطی ہائے مضامین' اور ''زبان و ادب'' میں 'قاضی عبدالودود اور گیان چند جین' عنوانات سے جو اُن کے تحقیقی تبصرے شائع ہوئے، وہ اس بات کا ثبوت تھے کہ ادبی تحقیق کی آئندہ فصلِ بہار میں ایک شاخ ظفر کمالی بھی ہوں گے۔ بعد میں رشید حسن خاں، گیان چند جین، حنیف نقوی، ابوالبرکات وغیرہ کی کتابوں اور سیّد محمد محسن کے مضمون پر اُن کے شائع شدہ تحقیقی نوعیت کے تبصرے ظفر کمالی کے عمقِ علمی کا واضح ثبوت ہیں۔ ڈراموں کی تحقیق و تنقید ظفر کمالی کے یہاں بنیادی اہمیت رکھتی ہے جسے انہوں نے نہایت مستعدی کے ساتھ انجام دیا ہے۔ 'روحِ ادب'، 'معلّمِ اردو'، 'زبان و ادب' اور 'عہد نامہ' وغیرہ رسائل میں اُن کے شائع شدہ ڈرامے

سے متعلق بنیادی نوعیت کے مضامین ایک مدّت پہلے شائع ہو چکے ہیں جن کی خاصی پذیرائی ہوئی تھی۔

گذشتہ برسوں میں ظفر کمالی نے نہایت سنجیدگی سے مقدّمہ نویسی کی طرف توجہ کی ہے۔ یہ ایک حقیقت ہے کہ ظفر کمالی جیسے گوشہ نشیں صاحبِ نظر سے کوئی مقدمہ یا تقریظ کیوں لکھوائے؟ عام طور سے یہ کام چمکتے ہوئے ستاروں اور پورے طور پر بزرگ نقادوں کے سپرد ہوتا ہے جن کی تحریروں کے بارے میں صاحبانِ کتب کو یہ خوش فہمی ہوتی ہے کہ وہ اُن کے ادبی قد وقامت میں اضافہ کا باعث بنیں گی۔ چاہے وہ بڑی شخصیت اُن کے مسوّدے کو سونگھ کر یا اِدھر اُدھر سے تاک جھانک کر ہی دس بیس جملے عمومی انداز کے گھسیٹ مارے۔ ظفر کمالی کے مقدّمے ماسوائے غضنفر، اکثر ان ہی لوگوں پر ہیں جو عرفِ عام میں ''مقامی'' قرار دیے جاتے ہیں۔ غضنفر کا وطن بھی 'سارن' ہی ہے، اس اعتبار سے انھیں غیر مقامی کیوں سمجھا جائے — 'نوید سحر' (فہیم جوگاپوری)، 'شایع نظمیں' (طلحہ رضوی برق مرتّبہ التفات امجدی)، 'رباعیاتِ قمر' (قمر سیوانی)، 'میر افرمایا ہوا' (مظاہر الحق)، 'دریا ٹوٹ جاتا ہے' (فاروق سیوانی)، 'خاکسارانِ جہاں' (خورشید احمد خاں)، 'جنوں کی آگہی' (کوثر سیوانی) کے سلسلے سے ظفر کمالی کے جو تفصیلی مقدّمے شائع ہوئے ہیں، انھیں اگر وسیع پیمانے پر توجّہ سے پڑھ لیا جائے تو اُن سے مقدّمہ لکھوانے کے لئے اہلِ قلم کی بھیڑ جمع ہو جائے گی۔ اصل بات یہ ہے کہ انہوں نے جس مصنّف کی کتاب کا بھی مقدّمہ لکھا، اس مصنف اور وہ کتاب پڑھنے والوں کو اپنی جانب کھینچنے میں کامیاب ہے۔ وہ مدلّل مداحی کے مقابلے تحقیقی اور علمی مواد جمع کر کے اس مصنّف کا ایسا بھر پور تعارف پیش کر دیتے ہیں جس سے لکھنے والے کا ادبی مقام، جس قدر بھی وہ ہے، اسے متعیّن کرنے میں وہ کامیاب ہو جاتے ہیں۔ اسی کے ساتھ ان مقدّموں کا یہ بھی فائدہ ہے کہ اُن سے کتاب کے مطالعے کا شوق پیدا ہو جاتا ہے۔ غضنفر کے خاکوں کے مجموعے 'سرخ رو' میں ظفر کمالی نے جو مقدّمہ لکھا، اُس سے زیادہ بھر پور کوئی دوسرا مضمون ابھی تک غضنفر کی خاکہ نگاری کے بارے میں سامنے نہیں آسکا۔ ایک مقدّمہ نویس کی حیثیت سے ظفر کمالی کا یہ کارنامہ ہے کہ وہ کتاب کی طرفیں اور تہیں اتنا دل لگا کر کھولتے ہیں جس سے زیادہ کی عام صورتوں میں گنجائش ہی کم ہوتی ہے۔ کہنا چاہیے کہ مقدّمہ نویس کے طور پر وہ کتاب اور صاحبِ کتاب کا حق ادا کر دیتے ہیں۔

ظفر کمالی کی تحقیق کا ایک مرکز اُن کے استاد احمد جمال پاشا کے سلسلے سے تحقیق و تنقید سے قائم ہوتا ہے۔ ''متعلقاتِ احمد جمال پاشا'' عنوان کی تحقیقی کتاب ۲۰۰۶ء میں منظر عام پر آچکی ہے۔ اس سلسلے سے رسائل و جرائد میں ان کے دیگر مضامین شائع ہوتے رہے ہیں۔ احمد جمال پاشا سے متعلق یہ تمام متفرّقات کم از کم چار پانچ کتابوں کا حصہ بنیں گے۔ ظفر کمالی کی تحقیق کا اساسی موضوع ظرافت اور تذکرہ نویسی بھی ہے۔ شاید یہ احمد جمال پاشا کی تربیتِ خاص سے صیقل ہوا۔ انہوں نے 'بہار میں اردو ظرافت'، 'سارن میں اردو ظرافت' اور سارن کے شعرا اور نثر نگاروں کے حوالے سے متعدّد تحقیقی مضامین رسائل میں شائع کیے ہیں۔ ان کی کتاب 'نمک دان' کے فلیپ سے یہ بھی واضح ہوتا ہے کہ درج بالا موضوعات پر اُن کی مختلف جلدیں شائع ہوں گی۔

ان تحقیقی کاموں کے ساتھ ساتھ گذشتہ بیس برسوں میں ظفر کمالی نے شعر گوئی پر خاص توجّہ دی۔ ظریفانہ شاعری کے تین مجموعے ــــ 'ظرافت نامہ' (۲۰۰۵ء)، 'ڈنک' (۲۰۰۹ء)، 'نمک دان' (۲۰۱۱ء) کے علاوہ بچّوں کے

سلسلے سے منظومات کا مجموعہ 'بچّوں کا باغ' (۲۰۰۶ء)۔ اس کے علاوہ 'متعلّقاتِ احمد جمال پاشا' میں ان کی بارہ غزلیں اور سَو اشعار پر مشتمل ایک شخصی مرثیہ احمد جمال پاشا کی یادوں کے نام اس کتاب میں موجود ہے۔ شاعری کا مطبوعہ متن پانچ سو صفحات سے زیادہ پر مشتمل ہے۔ رسائل میں بکھری ہوئی تخلیقات اس پر اضافہ ہیں۔ ظریفانہ اور بچّوں کی شاعری سے الگ انہوں نے رباعی گوئی پر توجہ کی تو ۲۰۱۰ء میں ۳۸۵ رباعیات کا مجموعہ 'رباعیاں' عنوان سے سامنے آیا۔ رباعی کو سب نے مشکل فن مانا ہے اور استادانہ رکھ رکھاو کے بغیر یہاں لوگوں کے قدم لڑکھڑا جاتے ہیں۔ دو ڈھائی برس کی مدّت میں اب یہ تازہ 'رباعیاتِ ظفر' ہمارے مطالعے میں شامل ہے جہاں پانچ سو سے زیادہ رباعیاں موجود ہیں۔

تین ظریفانہ مجموعے، دو مجموعۂ رباعیات اور ایک بچّوں کی شاعری کے مجموعے کے باوجود ظفر کمالی اپنی شاعرانہ شناخت اور عظمت کا اعلان کرنے کی طرف بڑھنے کے بجائے خاموشی سے اگلی کتابوں کا خام مواد تیار کرنے میں منہمک ہیں۔ ایسی بھرپور اور تصنیف و تالیف کی کثیرالجہتی کو دیکھتے ہوئے آخر ہمیں حالی کیوں نہ یاد آئیں۔ آخر کوئی تو بات ہوگی کہ ظفر کمالی نے احمد جمال پاشا کا مرثیہ لکھنا طے کیا تو انھیں حالی کے 'مرثیۂ غالب' کی بحر اور ایک بند میں اشعار کی تعداد، سب نے اس طرح مبہوت کر دیا کہ انہوں نے بھی اسی رنگ اور روپ کو اپنے مرثیے کے لئے رہنما مانا۔

ظفر کمالی صنفِ رباعی کی طرف سرِ راہے نہیں چلے آئے۔ پُرانے زمانے میں قصائد اور موجودہ زمانے میں رباعیات ہر شاعر اپنے دیوان یا مجموعۂ کلام میں دو چار دس کی تعداد میں اس لئے شامل رکھنا چاہتا ہے تاکہ اس کے استادانہ رُخ کا اقرار ہو سکے۔ لیکن یہ اکثر و بیش تر منہ کا مزا بدلنے کے لئے ہوتا ہے۔ یاد آتا ہے کہ آج سے پچیس برس قبل ظفر کمالی نے 'زبان وادب' میں شائع شدہ اپنے ایک مضمون میں رباعی کے اوزان کے سلسلے سے اختصار کے ساتھ ہی سہی لیکن بہت عالمانہ گفتگو کی تھی۔ یہ ذوق اور علم تہہ نشیں موج کی طرح دو دہائیوں میں تپ کر ایک مستقل تخلیقی شوق میں اب سامنے آیا ہے۔ رباعیوں کے دونوں مجموعوں پر غور کرتے ہوئے ایسا محسوس ہوتا ہے کہ ظفر کمالی شاید رباعی گوئی کے لئے ہی بَنے تھے۔ ایک خاص بات ان رباعیوں میں یہ پیدا ہو گئی ہے کہ ظفر کمالی کی ادبی شخصیت کے تینوں اساسی پہلو تحقیق، ظرافت اور شاعری یہاں باہم شیر و شکر ہو کر رباعی کے فن میں اس طرح ڈھل گئے ہیں جیسے یہیں مکمّل ظفر کمالی ہمیں ملیں گے۔ میر کی غزل میں میر کی پوری شخصیت ایک مرکز پر سمٹ آتی ہے۔ ٹھیک اُسی طرح ظفر کمالی کی تخلیقی، تنقیدی اور تحقیقی شخصیت، ان کے فلسفیانہ اور فکری زاویے، زندگی اور کائنات کے بارے میں مخصوص تصوّرات سب کے سب ان رباعیوں میں یوں روشن ہوئے ہیں جیسے یہ تمام کام رباعیات کے لئے ہی مخصوص تھے۔ شاید قدرتِ کلام کا اس سے بہتر کوئی ثبوت نہیں ہو سکتا۔

رباعیات کو بالعموم تفکّر اور تبلیغ و اصلاح کا محور مانا جاتا ہے۔ تھوڑے سے نمونے ان سے الگ موضوعات کے بھی ہیں لیکن رباعیوں کے مجموعی سرمایے میں اس موضوعاتی گریز کی حیثیت آٹے میں نمک سے بھی کم ہے۔ ہیئت اور اوزان میں تو یوں بھی پہلے سے ہی سب کچھ طے شدہ ہے۔ اس لئے رباعیوں میں اکثر ایسے شعرا زیادہ کامران اور مقبول ہوتے ہیں جن کے خمیر میں فکر و فلسفہ کی مٹّی ذرا زرخیز ثابت ہو۔ اسی لئے رباعی گوئی شاعری کی دوسری صنفوں کے مقابلے زیادہ سنجیدہ، علمی اعتبار سے باوقار اور باعثِ توجّہ تسلیم کی جاتی ہے۔ جن شعرا نے باضابطہ طور پر رباعیاں کہی

ہیں، اکثر نقاد اُن کے فکری دریچوں کو کھولنے کی کوشش میں مصروف نظر آتے ہیں۔ یہ لازمی فائدہ غزل گو کے حصے میں اکثر و بیش تر نہیں آتا۔

ظفر کمالی نے اپنی تحقیق میں بار بار باطل ادبی قوّتوں کا بڑی کامیابی کے ساتھ دلائل و شواہد کے ساتھ بطلان کیا ہے۔ ظریفانہ شاعری میں تو ایسے ہر چہرے کو نشانۂ طنز بنایا ہے جو حقیقت میں کھرا تو نہیں ہے لیکن خود کو کھرا ظاہر کرنے کا فریب کر رہا ہے۔ اپنی رباعی گوئی میں بھی ظفر کمالی بنیادی طور پر وہی بات کہہ رہے ہیں کہ سچ حقیقی ہے اور جھوٹ باطل ہے۔ یہ ایک پُر لطف جستجوے علمی ہے اور تفتیش و تحقیق کا امتحان کہ ایسے فکری حصار میں رہتے ہوئے ظفر کمالی رباعیوں کی تخلیق کے دوران کیا ظرافت نگار یا محقق کے طور پر موجود ہوتے ہیں یا رباعیات کے کاغذی پیرہن کی نرمی اور نزاکت کو سمجھتے ہوئے نئے سرے سے رباعی گو کی اپنی ایک علاحدہ شخصیت خلق کرتے ہیں؟ اپنے افکار و نظریات کی پیش کش میں کہیں ایسا تو نہیں کہ وہ رباعی گو کی جگہ پر کبھی محقق اور کبھی زرے ظریف بن کر اُبھرتے ہیں؟ کیا انھوں نے صنفِ رباعی کے اصول و ضوابط کو اِس قدر جی جان سے لگایا کہ وہ سارے تجربے اور صنفی توسیعات کے کام دھرے رہ گئے جس کے بغیر کوئی بڑا شاعر وجود میں نہیں آسکتا؟

دنیا کا ہر مذہب اور ادب، صالح اقدار کی تبلیغ اور تشہیر اپنے اپنے انداز میں کرتا ہے۔ رباعی کی روایت کہیں نہ کہیں مشاہدۂ کائنات کے مرحلے میں پند و موعظت کی پیش کش سے بندھ گئی۔ چار مصرعوں کی ذرّہ برابر دنیا ہے مگر اصول اور روایت کی ایک مستحکم شاہ راہ ہے۔ مسئلہ یہ ہے کہ اس پُل صراط کے ایک طرف آگ ہے تو دوسری طرف گہری کھائی۔ کب اچھّا بھلا شاعر بزمِ رباعی میں راندۂ درگاہ قرار دیا جائے گا، یہ کسی کو پتا نہیں۔ اچھی اور بڑی باتیں کرنے والے بہت سارے افراد پہلے بھی آچکے ہیں اور تمام مذاہب کے مبلّغین انھی کاموں پر مامور ہیں۔ ایک سوال یہ بھی ہے کہ کیا آج کی دنیا میں اخلاق اور پند کی باتیں سنی جاسکتی ہیں؟ کیا ادبی معاشرہ اس بات کی اجازت دیتا ہے کہ کسی صنفِ ادب کے گھر آنگن میں بیٹھ کر تبلیغ و اصلاح کے لازمی بندھن میں پڑھنے یا لکھنے والا بندھا رہے؟

ان سوالوں کے بیچ ظفر کمالی کی رباعیات کا مطالعہ کئی جہات سے تازہ اور خوش گوار ہوا کے جھونکے کی طرح معلوم ہوتا ہے۔ ظفر کمالی کی ظرافت نگار کی حیثیت بنیادی ہے، اس لئے ان سے بہتر کون یہ بات سمجھ سکتا ہے کہ ظرافت ہو یا تبلیغ و اصلاح، ادب میں انھیں تہہ نشیں موجوں کی طرح ہی رہنے دینا ہے۔ اس سے جہاں بھی بات آگے بڑھی، ادب عریاں ڈھنڈورا بن جائے گا؛ اور تب اسے ادب کون مانے گا؟ 'رباعیاتِ ظفر' میں خیر و شر کا کوئی اعلان تو نہیں کیا گیا لیکن ان تمام باتوں کو پیش کرنے کا ایک علاحدہ ڈھب شاعر نے اختیار کیا۔ وہ سچ اور جھوٹ یا اچھے بُرے کی مبارزت میں انسانوں کو نفسیاتی زاویے سے پرکھنے کی کوشش کرتے ہیں۔ اس مرحلے میں وہ کئی بار دونوں طرف سے خود ساختہ کردار قائم کرتے ہیں اور ان کی گفتگو یا مباحث میں کب خیر کی تبلیغ یا شر کی مخالفت شروع ہوگئی، یہ پتا ہی نہیں چلتا۔ کبھی کبھی رباعی کے ظاہری الفاظ تو کچھ کہتے ہیں لیکن وہاں بین السطور میں کچھ دوسرے ہی بڑے گہرے معنی پیوست رہتے ہیں۔ صنفِ رباعی کی مزاج شناسی کا ظفر کمالی کا یہ انداز ملاحظہ کیجیے:

جو جھکنے کی منزل پہ اَکڑ جاتی ہیں قومیں وہ نہیں بنتیں، بگڑ جاتی ہیں

اخلاق کی میراث اگر لُٹ جائے　　تہذیب کی سانسیں بھی اُکھڑ جاتی ہیں

---

مت رکھ تو کبھی بغض کے زینے پر پانو　　رکھنا ہے تو رکھ، دل کے کینے پر پانو
تو راہِ صداقت سے نہ کھینچ اپنے قدم　　رہنے دے شیطان کے سینے پر پانو

---

کہتے ہیں جنھیں لوگ قرینے والے　　ہیں تلخیِ ایّام کے پینے والے
طوفان میں کھیتے ہیں وہ اپنی کشتی　　مرنے سے کہاں ڈرتے ہیں جینے والے

---

دشمن سے ضروری تو نہیں جنگ وجدال　　حکمت کے تمانچوں سے کروں چہرا لال
معلوم نہیں ظفرؔ حریفوں کو مِرے　　پھولوں کی چھڑی سے بھی کھنچتی ہے کھال
کمزوروں کو طاقت سے جو تولتے ہو　　اپنا ہی بھرم خود سے تم کھولتے ہو
اللہ کہیں بھیج نہ دے موسیٰ کو　　فرعون ہو گیا؟ بول بڑے بولتے ہو

---

محبوب سبھوں کو ہے انا کا جامہ　　مطلوب کسے نہیں ریا کا جامہ
لوگوں نے اسے اُتار پھینکا ہے ظفرؔ　　جسموں پہ کہاں رہا حیا کا جامہ

---

ظالم کی تدابیر سے کیا ہوتا ہے　　زندان کی زنجیر سے کیا ہوتا ہے
جب سر کو ہتھیلی پہ لئے باغی آئیں　　جلّاد کی شمشیر سے کیا ہوتا ہے

ظفرؔ کمالی صورت سے مذہبی رنگ میں ڈھلے ہوئے معلوم ہوتے ہیں۔ ظاہراً مذہبی افراد اکثر ہمارے غزل گو شعرا کا نشانہ بنتے رہے ہیں لیکن ظفر کمالی نے مذہب سے زندگی کا وہ آفاقی راگ اپنے لئے منتخب کیا جس کی ضرورت اس کائنات کو ہمیشہ رہے گی۔ یہاں نفرت کے بجائے محبّت، باطل کے مقابلے حق، بُرے کے مقابلے اچھّے کے لئے انتہائی درجے کی جوستجو ہے، وہ عصری تقاضوں سے ہم آہنگ ہوکر مذہبی فکر کی سماجی بنیادوں کو روشن تر کرنے کی شاعری کی مہم کا ایک حصّہ ہے۔ یہ کام عام طور پر مذہبی مبلّغین کو زیادہ سوجھتا ہی نہیں۔ کبھی بھولے بھٹکے سے اس موضوع کے اِرد گرد یہ لوگ پہنچ بھی جاتے ہیں تو اکثر اُن کے اعمال سے اس کی مطابقت قائم نہیں ہوتی اور بات بے اثر ہو جاتی ہے۔ ’رباعیاتِ ظفرؔ‘ کے آغاز میں ۳۹ حمدیہ اور نعتیہ رباعیات ہیں۔ انھیں روایت کا حصّہ سمجھ کر یہاں سے سرسری گزر جانا مناسب نہیں۔ یہ بھی موزوں نہیں کہ ان رباعیات کو شاعر کی مذہب پسندی کا ایک ثبوت تسلیم کر کے چھوڑ دیا جائے۔ میرے لئے یہ رباعیاں عصرِ حاضر کے ایک دیانت دار اور مضطرب دل کی ایسی تڑپ ہیں جہاں ذات اور کائنات کے اوبڑ کھابڑ راستوں پر مذہبی فکر کی نرمی سے یہ صورت پیدا کی جارہی ہے کہ راستوں کے کچھ

کانٹے کم ہوسکیں اور لوگوں کے پانو میں چھالے نہ پڑیں۔ خدا، رسول اور مذہبی امور کی گفتگو ظفر کمالی کے یہاں زندگی کی نرمی، محبّت اور سچّائی میں گھُل مل کر ہمارے سامنے آتی ہے۔ اقبال کی دائمی حیثیت اس وجہ سے بھی قائم ہوئی تھی کیوں کہ ان کے یہاں مذہب انسانوں کے سماجی اور قومی مسائل میں ایک قطب نما کا کام کرتا ہے۔ ظفر کمالی اپنی رباعیات سے ایسے نازک اور لازم کام کو سرانجام دے رہے ہیں۔ چند رباعیات ملاحظہ ہوں:

دُکھ کے مارے، گرے پڑے، سب بیمار
تیرے در پر آئیں ہو کر لاچار
سننے والا یہاں کہاں اور کوئی
مظلوموں، بے کسوں، گداؤں کی پُکار

تھک جائیں قدم، ذوقِ یقیں تھک جائے
کمزور نہ منزل کے قریں تھک جائے
اللہ! مرے سجدوں کی سُن لے پکار
ڈر ہے نہ کہیں میری جبیں تھک جائے

جاہل ہوں، مجھے علم کی تنویر بھی دے
آئینے کو میرے نئی تصویر بھی دے
احساس کی جاگیر بھی کر مجھ کو عطا
خوابوں کو مِرے خیر کی تعبیر بھی دے

تاریک نگاہوں میں چمک دے یارب
چہرہ ہے مرا زرد، دَمک دے یارب
قاروں کے خزانے کی طلب مجھ کو نہیں
کھانے کے لئے نان ونمک دے یارب

ذرّہ ہوں، ستاروں کی چمک دے یارب
کردار میں پھولوں کی مہک دے یارب
بے چین جو دکھیاروں کے دکھ سے ہوجائے
سینے میں وہی دردوکسک دے یارب

پردیس کے باسی کو وطن مل جائے
جو روح بھٹکتی ہو، اُسے تن مل جائے
اک اور دعا ہے تو اِسے بھی سُن لے
ہم گھر پہ مریں اور کفن مل جائے

ظفر کمالی نے اپنی تصنیفی زندگی کا آغاز ''مکاتیبِ ریاضیہ'' سے کیا تھا۔ مولانا ریاض احمد کے اپنے مریدوں کے نام لکھے گئے یہ خطوط ہیں۔ مولانا ریاض احمد ایک صاحبِ طریقت صوفی تھے۔ ظفر کمالی کے خانوادے میں مولانا ریاض کے متعدّد مریدین موجود ہیں۔ مجھے یہ تو معلوم نہیں کہ ظفر کمالی کس صوفیانہ سلسلے یا کس صوفی سے براہِ راست وابستہ ہیں لیکن مولانا روم کے اصول کے مطابق:

''شعر می گویم بہہ از قند و نبات  من نہ دانم فاعلاتن فاعلات''

ایک نئی حقیقت سامنے آتی ہے۔ مولانا روم سیکڑوں شعرا سے اعلا شاعر اور ہزاروں صوفیوں سے بڑے صوفی ہیں۔ ظفر کمالی کی ظریفانہ تخلیقات، متعدّد تحقیقی مضامین اور خزائنِ رباعیات میں ایک بھرپور صوفیانہ آہنگ اُبھرتا ہے۔ آخر یہ سوچنے کی بات ہے کہ تمام ظریفانہ نظموں کا انجام یا بین السطور میں پیوست مفاہیم میں دردمندانہ رقّت پسندی کیوں عُود کر آتی ہے۔ گیان چند جین اور سیّد محمد محسن کے سلسلے سے ان کے سخت ترین تحقیقی مضامین کی پُشت پر کون سا جذبہ کارفرما رہا؟ وہاں اصل معاملہ تحقیقی اخلاقیات اور اسلاف کے کارناموں کے احتساب کے اصول وضوابط سے متعلّق ہے۔ ''رباعیاتِ ظفر'' میں بار بار انا پسندی، شہرت پسندی، بے عملی، تصنّع، لالچ اور ہَوس پرستی کو آخر کیوں نشانۂ طنز بنایا جارہا ہے؟ ظفر کمالی کو معلوم ہے کہ وہ کوئی پندنامہ نہیں تیار کررہے ہیں۔ انھیں یہ بھی پتا ہے کہ وہ کوئی تبلیغی یا اصلاحی مہم نہیں چلا رہے ہیں۔ لیکن کوئی دردمند دل رکھنے والا انسان جب ننگی آنکھوں سے زندگی

اور کائنات کی سچائیوں سے نبرد آزما ہوتا ہے تو وہ کب تک خاموش بیٹھ سکتا ہے؟ یوں بھی روایتی طور پر فکری موشگافیوں کے لئے رباعیات کی زمین بہت ہموار مانی گئی ہے لیکن ظفر کمالی نے یہ موضوعات علم بگھارنے کے لئے رباعیات میں شامل نہیں کیے۔ یہ باتیں جان اور روح سے نکلی ہوئی ہیں۔ میر کی شاعری کو دل اور دلّی کا مرثیہ کہتے ہیں۔ سب مانتے ہیں کہ زندگی اور کائنات سب ایک مرکز پر سمٹ آئیں تو ایسے مصرعے برآمد ہوتے ہیں:

لذّت سے نہیں خالی جانوں کا کھپا جانا
ان صحبتوں میں آخر جانیں ہی جاتیاں ہیں

ظفر کمالی نے زندگی کے اس سوچ کو متصوّفانہ نسخۂ کیمیا سے غور وفکر کا حصّہ بنایا ہے۔ یہ صبر، ضبط اور انہماک کا امتحان بھی ہے۔ زندگی اور کائنات کی خوں آشامی، جھوٹ، مفاد، کینہ اور فریب کی حکمرانی کے پیچ دیکھیے، ظفر کمالی کس صوفیانہ راگ سے اپنے لئے ایک معقول گھنی چھانو تلاش کرنے میں کامیاب ہوجاتے ہیں:

ہو تم میں جو ادراک کے جوہر کی آگ
محسوس کرو، کیا ہے اندر کی آگ
دیکھو تو سہی چیر کے سینہ اُس کا
پانی کی تہوں میں ہے سمندر کی آگ

دریا سے نہیں ریگِ رواں کا رشتہ
کیسے ہو بہاروں سے خزاں کا رشتہ
دشوار بہت ہے اجتماعِ ضدّین
کب سود سے ہوتا ہے زیاں کا رشتہ

دیکھی ہے کبھی تم نے قلندر کی آنکھ
دریا کی نظر گہرے سمندر کی آنکھ
موجود ہیں تم میں بھی یہ آنکھیں ناداں
کھولو تو ذرا اپنے اندر کی آنکھ

قسمت میں تری دیدۂ گریاں کیوں ہے
دشوار بہت زیست کا ساماں کیوں ہے
سوچا ہے کبھی تونے اے میری قوم
دنیا میں لہو ترا ہی ارزاں کیوں ہے

آندھی کی طرح تیز ہَوا ہے بابا
لگتا ہے کہ چنگیز ہَوا ہے بابا
سینے میں سماتی ہی نہیں ہیں سانسیں
کیوں زہر سے لبریز ہَوا ہے بابا

اس صبر کی قندیل کو جلنے تو دے
امّید کی شاخوں کو پھلنے تو دے
مجھ کو ہے یقیں ہارے گی بازی دنیا
وہ چال اگر چلتی ہے، چلنے تو دے

اچھا تو نہیں غیر کے بس میں رہنا
چاہے گا بھلا کون قفس میں رہنا
یاری ہے مری گہری استغنا سے
ممکن ہی نہیں دستِ ہوس میں رہنا

رباعیات کے اختصار اور اپنے آپ میں مکمل ہونے سے تحریک پا کر متعدّد شعرا نے افراد کے نام منسوب رباعیات لکھنے کا سلسلہ قائم کیا۔ معتبر شاعر سلطان اختر نے گذشتہ چار دہائیوں میں ادیبوں اور شاعروں کی شخصیت اور فن کو دھیان میں رکھتے ہوئے بڑی تعداد میں رباعیات کہیں۔ بدقسمتی سے کتاب کی شکل میں وہ چیزیں اب تک سامنے نہیں آسکیں لیکن وہ رسائل کے دفینوں میں موجود ہیں۔ دس پندرہ برسوں سے عبدالمنان طرزی نے منظوم مقالات اور اشخاص پر تعارفی منظومات کا سلسلہ قائم کر رکھا ہے۔ ایسی شاعری کے متعدّد انتخابات وہ منظرِ عام پر لا چکے ہیں۔

معروف شاعر راشد طراز نے اشخاص کو سامنے رکھ کر اوران کے کارناموں کو ردیف کی شکل میں ڈھال کر غزلیں کہیں۔ اس طرح کی تحریروں کا ایک اصولی مسئلہ یہ ہوتا ہے کہ انھیں مضمون کے خانے میں رکھا جائے یا شعری نمونے کے بہ طور سمجھا جائے۔ وہ تخلیقات جو دواصنافِ سخن کی حد بندیوں کو توڑ کر سامنے آتی ہیں، اُن کی قدر و قیمت کے تعیّن میں بہرطور مسائل پیدا ہوتے ہیں۔بعض افراد نے تاریخ پیدائش سے لے کر کتابوں کے نام اور اقوال تک اپنی نظموں میں شامل کر دیے۔ اطّلاع بہم پہنچانے کی حدتک تو وہ منظومات کار آمد ہوسکتی ہیں لیکن سوال یہ ہے کہ ایسی معلومات کے لئے شعر کا تکلّف کیوں؟ یہ کام مضمون نویسی سے ہی بہ طریقِ احسن لیا جاسکتا ہے۔ ہماری تحریر تاریخ اور تہذیب کا مرقّع بن جائے؛ کائنات کے مظاہر کی دستاویزی پیش کش ہوجائے لیکن کیا یہ شرطِ اوّلیں نہیں کہ پہلے وہ شعر تو ہو۔ میر انیس اس لئے محترم ہیں کیوں کہ کربلا کی تاریخیت کے ساتھ ساتھ شعر گوئی کے بنیادی تقاضوں سے ایک لمحے کے لئے بھی انہوں نے غفلت شعاری روا نہیں رکھی۔ حالی کا 'مرثیۂ غالب' اس بات کا ثبوت ہے کہ ایک ساتھ مرثیہ گوئی، خاکہ نویسی، سوانح نگاری، روزنامچہ نگاری اور رپورتاژ کی جلوہ سامانیاں تو ہیں لیکن سب باتیں شاعری کے بہترین نمونوں کے حوالے سے ہمارے سامنے آتی ہیں۔

ظفر کمالی شاعر سے پہلے محقّق اور تاریخ ادبِ اردو کے بہترین طالب علم ہیں۔اس لئے انھیں صنفی حد بندیاں توڑنے اور نتیجے میں شاعر کی حیثیت سے نامراد ہونے کے بہت سارے واقعات لازمی طور پر معلوم ہوں گے۔ان کے پہلے مجموعۂ رباعیات میں احمد جمال پاشا، حنیف نقوی، ناوک حمزہ پوری، طلحہ رضوی برق، اعجاز علی ارشد، کوثر سیوانی، قمر سیوانی اور التفات امجدی کے سلسلے سے پچاس سے زیادہ رباعیات موجود ہیں لیکن 'رباعیاتِ ظفر' میں یہ سلسلہ باضابطہ معلوم ہوتا ہے۔ یہاں قاضی عبدالودود، کلیم الدین احمد، کلیم عاجز، شہاب الدین ثاقب، سید حسن عباس، عامر سبحانی، بسمل رانی پوری، اظہار احمد ندیم اور خاکسار کے سلسلے سے کم از کم چھے رباعیات ضرور شامل ہیں۔ احمد جمال پاشا اور کوثر سیوانی کو پھر سے یاد کرتے ہوئے چھے چھے نئی رباعیات اس کتاب میں درج ہیں۔ افرادِ خاندان میں اپنی شریکِ حیات کے بارے میں بارہ رباعیات موجود ہیں۔ اپنے دو بہنوئیوں کے انتقال پر نو۔نو رباعیات اور محمد وجیہہ الحق کی شادی کے موقعے سے تہنیتی رباعیاں اس کتاب کا حصہ ہیں۔ دو کتابوں—— 'خاکسارانِ جہاں' اور 'تذکرہ شعراے سارن' اور اپنے وطن رانی پور اور شہرِ بنارس پر بھی رباعیات شامل ہیں۔ ناوک حمزہ پوری اور زاہد سیوانی کے بارے میں ظریفانہ رباعیات شاملِ کتاب ہیں۔ رباعیاتِ ظفر میں اشخاص اور مقامات وکتب کے بارے میں جو رباعیات شامل ہیں، ان کی مجموعی مقدار تیس فی صد کے قریب ہے۔

ظفر کمالی کی رباعی گوئی پر گفتگو کرتے ہوئے اس حصّے سے بے التفاتی مناسب نہیں۔ اس میں یہ جانچ پرکھ بھی شامل رہے کہ انہوں نے اس انداز کی شاعری پیش کرنے والوں کی ناکامیوں سے آخر کیا سیکھا؟ کہیں ایسا تو نہیں کہ ظفر کمالی یہ کام رسمِ دنیا نبھانے کے لئے کر رہے ہیں؟ کیا یہ غور کرنے کا موقع نہیں کہ جس شاعر کے پاس یہ حوصلہ ہے کہ ایسی رباعیات کے لئے اپنے مجموعے کا ایک تہائی وقف کر رہا ہو، وہ اگر اس حصّے میں ناکام ہُوا تو پورے مجموعے کا توازن اور معیار متزلزل ہوجائے گا۔ انھی اسباب سے اس حصّے کا آزادانہ طور پر جائزہ لینا ضروری سمجھ میں آتا ہے۔ یہ بات بھی ذہن نشیں تھی کہ ایسی

تحریریں اکثر وبیش تر رسومیات کے ذیل میں ڈال دی جاتی ہیں اور پڑھنے والے اُن سے سرسری گزر جاتے ہیں جو بعض اوقات شاعر کے ساتھ بے انصافی کی بات ہو جاتی ہے۔

ظفر کمالی نے ان رباعیات میں شخصیت شناسی کا فریضہ ادا کیا ہے۔ جن اشخاص کے بارے میں یہ رباعیات ہیں، ان میں سے شاید ہی کوئی ہو جن سے ظفر کمالی کے ذاتی روابط نہ رہے ہوں۔ اکثر سے کئی کئی دہائیوں کا اور شب وروز کا رشتہ رہا ہے۔ اس لئے یہ رباعیاں رسمی دائرے میں قید ہو کر بے رَس اطّلاعات کا خزینہ بننے کا ذریعہ نہیں بنتیں۔ ایک فن کار کی حیثیت سے ظفر کمالی کی یہ حیرت انگیز ہوش مندی ہے کہ انہوں نے اطّلاعات اور رسومیات کے بجائے شخصیت شناسی پر اِن رباعیات کا مدار رکھا۔ اگر وہ ادیب اور شاعر ہیں تو اُن کے ادبی مقام پر بھی نظر ہے لیکن وہاں بھی مضمون نویسی کے لوازمات سے بہر طور پرہیز کیا گیا ہے۔ ایسی شاعری میں مصنّف یا کتاب کی رعایت سے کچھ نہ کچھ ادبی مشغلہ قائم کرنے کی کوشش ہوتی ہے۔ لیکن ظفر کمالی نے سمجھ بوجھ کر، ایسی کسی ادبی کرتب بازی میں خود کو اُلجھا کر اپنے شعر کو بگاڑنے یا بے مزہ کرنے کا خطرہ نہیں اٹھایا۔ انہوں نے اشخاص کی زندگی کے صرف اُنھی پہلوؤں پر توجّہ کی، جن کو اطّلاعات سے بوجھل بنانے کی لازمی ضرورت نہیں تھی۔ اس کے علاوہ ایک خاص بات انھیں یہ بھی معلوم تھی کہ ممدوحین کے اوصافِ عمومی پر اُن کا قاری کیوں کر متوجّہ ہوگا؟ اگر معلوم حقائق پر ہی زور ہو تو پڑھنے والے کے لئے اِن رباعیات میں کشش کیوں ہوگی؟

انھی اسباب سے ظفر کمالی نے شخصیت شناسی کے مراحل میں ایسے اجزا پر زیادہ توجّہ دی جو دوسروں کی نگاہ سے عموماً اوجھل ہوتے ہیں۔ ہر زندگی میں نہ جانے کتنے اَنجانے پہلو اور گم شدہ زندگیاں ہوتی ہیں۔ یہ ہمیں طے کرنا ہے کہ سرسری گزر جائیں یا جہانِ دیگر کی تلاش میں سرگرداں رہیں۔ اشخاص پر توجّہ کرتے ہوئے ظفر کمالی نے بالعموم اُن زندگیوں سے ایسے 'جہانِ دیگر' ڈھونڈ نکالے ہیں جن پر ہمیں حیرت ہوتی ہے۔ مجھے یقین ہے کہ یہ رباعیات جن کے بارے میں لکھی گئی ہیں، وہ یا انھیں نہایت قریب سے جاننے والے اس کے مطالعے کے دوران نہ صرف شاعر کو داد وتحسین سے نوازیں گے بلکہ انہیں اس بات پر استعجاب بھی ہوگا کہ زندگی کی اس بھولی بسری گلی میں آخر وہ (ظفر کمالی) کس طرح پہنچ گئے؟

شخصیت شناسی میں ظفر کمالی کی کامیابی کے دو بنیادی اسباب ہیں۔ انہوں نے ایسے اشخاص کو اپنا موضوع بنایا جنھیں وہ بہت گہرائی سے جانتے تھے اور جن کے علمی کارناموں کے ساتھ ساتھ ان کی زندگی اور دنیا جہان کے معمولات سے واقف تھے۔ دوسرا پہلو اَقدار کے تعلّق سے اشخاص کو سمجھنے کا ہے۔ وہ ظرافت نگار بھی ہیں، حسبِ ضرورت افراد اور اقوام کا مذاق بھی اڑاتے ہیں لیکن نہ جانے ان میں کون سا صوفیانہ راگ ہے جس میں افراد اقوام کے صالح کردار کا ترجمان بن کر اُبھرتے ہیں۔ پیغمبروں، صوفیوں اور پیروں فقیروں کا ایسا مزاج دیکھا گیا ہے۔ دوسروں کے اندھیروں میں بھی انہیں اجالا لگنے لگتا ہے۔ حقیقت یہ ہے کہ یہ روشنی اُن کے اندر سے پھوٹتی ہوئی سامنے آتی ہے۔ شخصیت کے تعلّق سے ظفر کمالی کی رباعیوں میں پہلی قرات کے نتیجے میں وہ مخصوص شخصیت اُبھرتی ہے جس کے نام رباعیاں کہی گئی ہیں لیکن جیسے ہی ہم ورِدوم کے مرحلے میں داخل ہوتے ہیں، وہاں سے قاضی عبدالودود، کلیم الدین احمد یا صفدر امام قادری کی شبیہیں مدّھم ہو جاتی ہیں اور ہمارے

معاشرے کی ایک خوب صورت، معنیٰ آفریں، علم پرور، کاروبارِ دنیا سے گریزاں، اونچے خواب دیکھنے والی اورحق کے لئے آخری بازی کھیل جانے والی قوم کی مجموعی تصویراُبھرتی ہے۔ ان افراد کے شعری تذکرے سے ظفر کمالی نے جوکولاژ تیار کیا ہے، وہ خوبصورت، حوصلہ افزا، زندگی بہ داماں اور روشن تر ہے۔ چند رباعیات ملاحظہ کیجیے، یہ ثبوت اپنے آپ مل جائے گا کہ شاعر نے افراد کے ساتھ ساتھ اُن سے تشکیل پانے والے معاشرے اوراس کے آئندہ کوبھی کس طرح نگاہ میں رکھا ہے:

سچّے ہیں، یہ سچ بولیں گے؛ وہ بھانپتے تھے
جھوٹے تو انہیں دیکھ کے منہ ڈھانپتے تھے
تھی سہل پسندوں میں دہشت پھیلی
یہ نام ہی سنتے تھے تو وہ کانپتے تھے
(قاضی عبدالودود)

عالم تھا عجب اُس کی بے باکی کا
شکوہ تھا بہت اُس کی سفّاکی کا
وہ وقت بھی آیا کہ سبھی مان گئے
کچھ توڑ نہ تھا اُس کی درّاکی کا
(کلیم الدین احمد)

نام اپنا کبھی کہیں اُچھالا ہی نہیں
ڈول اپنا کسی حال میں ڈالا ہی نہیں
ہم کیوں نہ کہیں اُن کو ادب کا صوفی
شہرت کے جھمیلے کو پالا ہی نہیں
(شہاب الدین ثاقب)

حافؔظ کے خیاباں میں چلے آئے ہیں
سعدؔی کے گلستاں میں چلے آئے ہیں
عبّاس کے گھر جاؤ تو لگتا ہے یہی
ہم ہند سے ایراں میں چلے آئے ہیں
(سید حسن عبّاس)

ہے فہم فدا اس پہ، فراست صدقے
ایسا ہے متیں جس پہ متانت صدقے
قدرت نے اسے بخشا وہ ذہن رسا
ہر گام پہ ہوتی ہے ذہانت صدقے
(عامر سبحانی)

رعنائی کو اللہ سلامت رکھّے
دانائی کو اللہ سلامت رکھّے
ایسا ہے وہ رسوا؟ تو دعا کرتا ہوں
رسوائی کو اللہ سلامت رکھّے
(صفدر امام قادری)

بھٹکا ہے کبھی کرب کے صحرا میں ندیم
کودا ہے کبھی آگ کے دریا میں ندیم
مجنوں کی طرح عشق میں دیوانہ بنا
تڑپا ہے بہت فرقتِ لیلیٰ میں ندیم
(اظہار احمد ندیم)

ظفر کمالی کے اس مجموعۂ رباعیات میں ان کے دو برادرانِ نسبتی کی وفات کے سلسلے سے ۱۸ رباعیات شامل ہیں۔ ان رباعیوں کو شخصی مرثیہ گوئی کے خانے میں رکھنا چاہیے۔ ظفر کمالی نے احمد جمال پاشا کی وفات پر پورے سو اشعار کا مرثیہ کہا تھا۔ موت ایک حقیقت ہے لیکن ہر آدمی کا تاثر ذاتی ہوتا ہے۔ ہر بڑا لکھنے والا ذاتی احساسِ غم میں کچھ

ایسی کیفیت پیدا کر دیتا ہے جس سے وہ غم دوسروں کو بھی اپنا لگنے لگتا ہے۔ جاں نثار اختر نے جب اپنی بیوی کی موت پر ''خاکِ دل'' اور ''خاموش آواز'' جیسی نظمیں کہیں تو یہ محسوس ہوا کہ نئے عہد میں بھی مرثیہ گوئی ممکن ہے اور اس کی کوئی بھی ہئیت ہو سکتی ہے۔ ظفر کمالی نے تو واقعی یہ کارنامہ انجام دیا کہ مرثیہ گوئی کے لئے رباعی جیسی صنف کا انتخاب کیا۔ دونوں اشخاص کے لئے الگ الگ رباعیاں ہیں۔ ایک ایک رباعی پڑھتے ہوئے زینہ بہ زینہ زندگی کی اصل حقیقت کا ذاتی عرفان ہوتا جاتا ہے۔ مرثیہ گوئی کے لئے رقّت آمیزی اور فنا پذیری کا جو عرفان چاہیے، وہ ظفر کمالی کے یہاں بھرپور طریقے سے موجود ہے ورنہ اُن سے ایسی رباعیات کہی ہی نہیں جاسکتی تھیں:

اب کس کو کہیں زیست کا حاصل مت پوچھ　　بے سمت مسافر کی منزل مت پوچھ
کیا تجھ کو بتائیں وہ ہمارا کیا تھا　　دفنا کے کسے آئے ہیں، اے دل مت پوچھ
ہر دکھ سے مصیبت سے بچا کر رکھنا　　اے قبر کلیجے سے لگا کر رکھنا
ہم اپنے چہیتے کو تجھے سَونپتے ہیں　　بانہوں میں اسے اپنی چھپا کر رکھنا
ملنے کو ہم آئے ہیں، نہ جاؤ ایسے　　کیا بات ہے، منہ کو نہ پھراؤ ایسے
ناراض اگر ہو تو ہمیں کردو معاف　　چہرے کو کفن میں نہ چھپاؤ ایسے
اپنے تو سبھی موتی ہیرے ڈوبے　　اس دل کے تھے جتنے بھی ذخیرے ڈوبے
طوفان سمندر میں اٹھا ایسا　　اشکوں میں ان آنکھوں کے جزیرے ڈوبے

ظفر کمالی اچھّے خاصے ظرافت نگار ہیں اور ظریفانہ شاعری کے تین مکمّل مجموعے اب تک منظرِ عام پر لا چکے ہیں۔ شاید اسی وجہ سے انہوں نے مجموعۂ رباعیات میں ظریفانہ رباعیوں کی خاصی تعداد شامل کی۔ پورے مجموعے میں ظریفانہ رباعیوں کا تناسب پندرہ فی صد سے زیادہ ہے۔ کہاں رباعیات پند و نصیحت اور رُشد و ہدایت کے نپے تُلے کاموں کے لئے مستعمل تھیں اور کہاں انہیں ظرافت کے گھر آنگن میں ظفر کمالی نے بٹھا دیا۔ پہلی نظر میں ہر پڑھنے والا متعجب ہوگا کہ آخر یہ اَن مِل بے جوڑ کا تردّد کس لئے؟ لیکن 'رباعیاتِ ظفر' میں اس حصّے کے مطالعے کے بعد ایسے سوالوں کے جوابات از خود حاصل ہو جاتے ہیں۔ یہ بھی احساس ہوتا ہے کہ اِن رباعیوں کو اگر اس مجموعے میں شامل نہ کیا گیا ہوتا تب شاعر اور پڑھنے والے دونوں کا نقصان ہوتا۔ یہ رباعیات کہنے کو ظریفانہ ہیں لیکن شاعر نے محض تکلّفاً اُنہیں ظرافت کے نمونے کے طور پر علاحدہ کر کے پیش کیا۔ مجھے یقین ہے کہ بعض قارئین جن کے ذہن میں ظریفانہ ادب کے بارے میں ذرا بھی تحفظ ہے؛ وہ ظفر کمالی کے ظریفانہ جال میں پھنس کر اِن بیش قیمت رباعیوں کے مطالعے سے محروم ہو سکتے ہیں۔ سچّی بات تو یہ ہے کہ یہ پورا حصّہ اُسی طرح سنجیدہ، متین، کارگر اور اثر انگیزی کے اعتبار سے زور آور ہے۔ شاعر نے پڑھنے والوں کا شاید امتحان لینا مقصود کیا کہ اس الگ حصّے کی فراواں سنجیدگی اور نکتہ رسی کو کوئی مجموعے کے باقی ماندہ علمی فضا سے متصّل کر کے دیکھ پاتا ہے یا نہیں۔ ایک ظرافت نگار کی طرف سے واقعتاً نقّادوں اور ادب پڑھنے والوں کے ساتھ یہ ایک بھرپور عملی ظرافت ہے۔

یہ ظریفانہ رباعیاں حقیقتاً شہر آشوب ہیں۔ ہم کس اندھے کنویں تک پہنچ چکے ہیں اور پوری قوم ابتلا کے پاتال تک پہنچ کر کس آرام سے جی رہی ہے، اس کا مدلّل تجزیہ ظفر کمالی کی ان رباعیوں میں موجود ہے۔ یہ شاعر کے خون کے آنسو

ہیں۔اسی لئے کہیں قہقہہ سنائی دیتا ہے اور نہ زیرِلب تبسّم کی صورت اُبھرتی ہے۔ یہ ایسی ظرافت ہے جہاں باہر اور اندر آہیں اور آنسو ہیں۔اٹھارویں صدی کے شہرآشوب میں جس معاشرتی ابتری کا اظہار سودا نے کیا تھا،ظفر کمالی نے اس سے آگے بڑھ کر اپنے عہد کے ننگے تن بدن کو، اس کے زخموں کو بہت سنجیدگی سے اجاگر کیا۔تہذیبی اور ثقافتی سطح پر ہمارا سماج زخمی پرندے کی طرح جس طرح پھڑ پھڑا رہا ہے، ظفر کمالی نے وقت کی اُن کراہوں کو اِن رباعیات میں سمیٹ کر ایک بڑا کارنامہ انجام دیا۔معاشرتی زوال کا جو عمومی منظر نامہ ہمارے سامنے ہے، اگر ہم ادب کو سماج کا آئینہ کہتے ہیں تو ہونا تو یہ چاہیے تھا کہ شہرآشوب اور عصری مراثی کی طرف شعرا کا رجحان بڑھتا لیکن یہ عجب اتفاق ہے کہ غزل گویوں کے متفرّق اشعار چھوڑ دیے جائیں تو معاشرتی زوال اور ابتلا کی روزانہ کی آزمائشوں سے نبرد آزمائی کے لئے شعرا کی طرف سے کون حوصلہ کر رہا ہے؟ ظفر کمالی نے ان رباعیوں سے صدائے احتجاج بلند کی ہے کہ آخر ہم کہاں تک پہنچ کر رہیں گے؟ زوال اور گراوٹ کی آخری منزل کون سی ہے؟ چار رباعیات بہ طورِ نمونہ ملاحظہ فرمائیں:

رشتوں کی پذیرائی میں کیا رکھا ہے  ماں باپ بہن بھائی میں کیا رکھا ہے
مانا کہ بُرائی تو بُرائی ہے، مگر  اس دَور کی اچھائی میں کیا رکھا ہے

---

دریاؤں کی پہنائی میں کیا رکھا ہے  افلاک کی اونچائی میں کیا رکھا ہے
جب کام نکل جائے چھچھلے پن سے  گہرائی میں، گیرائی میں کیا رکھا ہے

---

کمزور کو باتوں سے ڈرا کر ماریں  مضبوط کو داؤ پہ چڑھا کر ماریں
احسان اگر کردیں شریفوں پہ کبھی  ان کو بھی یہ احسان جتا کر ماریں

---

دیوار تو موجود ہے، دَر ہے غائب  جب دَر ہی نہیں گھر کا تو گھر ہے غائب
دستارِ فضیلت تو ملی تم کو ضرور  باندھو گے کہاں، جسم سے سر ہے غائب

ظفر کمالی کی ان ظریفانہ رباعیوں کا ایک مرکز شعر و ادب کی عمومی صورتِ حال بھی ہے۔علمی کام کرنے والوں کا کردار اور معیار کیسا ہونا چاہیے، اس کے بارے میں ظفر کمالی کے ذہن میں کچھ واضح تصوّرات ہیں۔اپنے ظریفانہ مجموعوں— 'ظرافت نامہ' اور 'ڈنک' کی متعدّد نظموں میں بار بار ادب میں پنپ رہی اجارہ داریوں کے خلاف وہ آواز اٹھاتے رہے ہیں۔ادبی معاشرے میں بھی طرح طرح کی جاگیرداریاں قائم و دائم ہیں۔ظفر کمالی کی تمام منظومات مع رباعیات کے دونوں مجموعے پیشِ نظر ہوں تو یہ سمجھنا مشکل نہیں کہ ادیبوں اور شاعروں کے بیچ کے بڑے چھوٹے اجارہ دار انہیں سب سے زیادہ ناپسند ہیں۔اسی لئے انہوں نے اپنا ایک ادبی مقصد بنالیا ہے کہ علم کے نام پہ جہل پھیلانے والے اور دوسروں کے کلام کے بَل بوتے پر شاعر کی طرح سرِ بزم اِترانے والے متشاعروں کی خوب خوب خبر لی جائے۔نقادوں اور بڑے بڑے لکھنے والوں کے ادبی گھوٹالوں پر بھی ظفر کمالی بپھرتے دکھائی دیتے ہیں۔

اُن کی ایسی رباعیوں میں ادب کے صالح اور سنجیدہ کام کو کھیل تماشا بنا دینے والوں پر بار بار ضرب پڑتی ہے۔

ظفر کمالی احمد جمال پاشا کے شاگردِ رشید ہیں۔ ایک زمانے میں احمد جمال پاشا کے دو مضامین بڑے مشہور ہوئے تھے: ''ادب میں مارشل لا'' اور ''ادب میں بانس کی اہمیت''۔ یہ مضامین ادبی معاشرے کا مرثیہ ہیں لیکن لکھنے والے نے ظریفانہ پردے میں کھڑے ہو کر ہمیں ایک سوچی سمجھی گمراہی میں مبتلا کر دیا۔ ظفر کمالی نے صدقِ صدقِ شاگردی ادا کر دیا۔ آج سے چالیس برس پہلے پاشا نے جب یہ مضامین لکھے تھے، اس وقت ادیبوں اور شاعروں میں باضمیر اور علم پرور افراد کی ایک صف بہر طور بچی ہوئی تھی۔ کچھ نقاد بھی تھے جو اَبتری پھیلانے والوں کو روکتے اور ٹوکتے تھے۔ آج ابتری پھیلانے والی طاقتیں ادبی معاشرے کے میمنہ اور میسرہ دونوں کو توڑ چکی ہیں اور ادب کی اصل بنیادوں پر بالکل صدر سے حملہ کر رہی ہیں۔ ہلاکو اور چنگیز خاں یا پھر نادر شاہ نے جس طرح آبادیوں کو نیست و نابود کرنے کا کام کیا تھا؛ آج پورے ملک میں ادبی اجارہ دار معصوم تخلیق کاروں کے ساتھ وہی سلوک کر رہے ہیں۔ حضورِ اقدس صلعم نے آنے والے وقت کے بُرے ماحول کے بارے میں ایک بار گفتگو کرتے ہوئے قیامت سے پہلے کی ابتری کا نقشہ کھینچا تھا۔ ایک صحابی محترم نے حضور صلعم سے یہ سوال کیا کہ اگر ہم میں سے کوئی اس عہد تک باقی رہ جائے تو اسے کیا کرنا چاہیے؟ حضورؐ نے یہ جواب دیا تھا کہ گوشہ نشینی ہی سب سے مناسب طریقہ ہوگا۔ آج اردو معاشرے میں سچّے لکھنے والے اپنی عزّت و آبرو اور اپنے ادب کی حفاظت میں گوشہ نشینی کے عالم میں حاشیے تک پہنچ گئے ہیں۔ نمایاں مقامات پر وہ چہرے ہیں جو واقعتاً گھٹنوں کے بَل بھی چلنے لائق نہیں۔ ظفر کمالی نے چار درجن سے زیادہ رباعیوں میں ادب کی جمہوریت اور ادب کی آزادی پر خطرے کو محسوس کرتے ہوئے واقعتاً خدالگتی کہی۔ چند رباعیات ثبوت کے طور پر ملاحظہ فرمائیں:

عظمت کی وہ نخوت ہے، تَنے بیٹھے ہیں
لگتا ہے کہ غالب کے جَنے بیٹھے ہیں
معلوم نہیں ربع کے معنی جن کو
شاعر وہ رباعی کے بنے بیٹھے ہیں

---

بھاری ہے بھرم، خالی پٹارا ہے تو کیا
گردش میں مقدّر کا ستارا ہے تو کیا
سَر میں ہے یہ سودا کہ بڑا شاعر ہے
استاد کے شعروں پہ گزارا ہے تو کیا
تنقیدی دربار سجائے رکھنا
مغرب کے افکار سجائے رکھنا
بندھ جائے گی نقادی کی پگڑی
لفظوں کا بازار سجائے رکھنا

---

اس جہل سے کہرام بہت مچتا ہے
جاہل سے تو عالم بھی نہیں بچتا ہے
وہ پڑھ لے جو دو حرف تو اِترانے لگے
کتّے کو کہیں خالص گھی پچتا ہے

---

پتھر کی اگر سِل ہو تو سِل پھٹ جائے
محفل ہو فرشتوں کی تو محفل پھٹ جائے
عالم بھی کریں جہل کی ایسی باتیں
اہلِ دل سُن لیں تو دل پھٹ جائے

ظفر کمالی کا مزاج احتجاجی ہے۔ لیکن یہ عجب المیہ ہے کہ انہوں نے اظہار کے لئے رباعی اور ظرافت کے شعبوں کا انتخاب کیا۔ یہ دونوں ایسے نازک تن اور چھوئی موئی ذرائع ہیں جن کا زور آوری اور loudness سے کہیں دور کا بھی رشتہ نہیں۔ اعلا رباعی گوئی پند و نصیحت کا پشتارا نہیں ہوسکتی۔ اسی طرح بہترین ظرافت فن کے عروج پر پہنچ کر نرم اور ملائم ہو جاتی ہے۔ ظفر کمالی نے اپنی ادبی زندگی میں یہ سب سے بڑا جوکھم اٹھایا کہ اپنے مزاج کی سخت گیری اور انقلابیت سے سرِ مو گریز نہ کرتے ہوئے رباعی اور ظرافت دونوں کی حدوں کو توڑ کر ایک نئی صنفی کیفیت پیدا کی ہے جسے ممکن ہے، آنے والا وقت ظفر کمالی کے نام سے یاد رکھے۔ چند نمونے ملاحظہ کریں:

تہذیب کے مٹتے ہوئے آثار نہ پوچھ
قدروں کے بدلنے کی رفتار نہ پوچھ
ایسا بھی کوئی دل ہے کہ مجروح نہیں
اس عہدِ تغیّر کی یلغار نہ پوچھ

دل دوز ہی تحریر لکھی جائے گی
جب خواب کی تعبیر لکھی جائے گی
اب میری تمناؤں کے خوں سے شاید
اس ملک کی تقدیر لکھی جائے گی

موسم کا تقاضا تھا چلے نرم ہوا
کیوں چاروں طرف چلتی ہے گرم ہوا
ذہنوں کو جھلس دینے پہ آمادہ ہے
پہلے تو نہ تھی اتنی بے شرم ہوا

نایاب ہے اب ایسی دانائی کی بزم
افکار کی، گہرائی کی، گیرائی کی بزم
دیکھو گے تو حیرت میں پڑ جاؤ گے
میں کیسے سجاتا ہوں تنہائی کی بزم

خاموشی کی موسیقی سنتا ہوں
سن کر پہروں اپنا سر دُھنتا ہوں
تنہائی کی محفل جب سجتی ہے
کانٹوں میں جیسے کلیاں چنتا ہوں

تو دیکھ چکا آگ اُگلتا سورج
اب دیکھ ذرا ظلم کا ڈھلتا سورج
مایوس نہ ہو، جلد دکھائی دے گا
خوشیوں کی تمنّا کا نکلتا سورج

رباعی گوئی کو تاریخی طور پر فنّی اور علمی نزاکتوں کا حامل مانا جاتا ہے۔ ایک بڑا طبقہ تو صرف روایتِ فن اور عروضی موشگافیوں کے امتحان گاہ کے بہ طور رباعی کو دیکھتا ہے۔ ظفر کمالی کی رباعیات پر گفتگو کرتے ہوئے ان روایتی اور تکنیکی لوازم سے اجتناب کیوں کیا جائے؟ شاعر جس صنف کو اپنی تحویل میں لیتا ہے تو اسی وقت اس صنف کے سابقین کی پابندیاں اور آزادیاں اپنے آپ اس پر فرض ہو جاتی ہیں۔ ظفر کمالی کے اب تک جتنے شعری نمونے اشاعت پذیر ہوئے، وہ سب پابند شاعری کے نمونے ہیں۔ اوزان و بحور سے ظفر کمالی نہ خائف ہیں اور نہ ہی آزاد اور نثری نظم کے دائروں میں پہنچنے کے امیدوار معلوم ہوتے ہیں۔ ایسی حالت میں شاعر روایت کے حصاروں میں رہتے ہوئے اپنے خیال کی علاحدہ اور انفرادی دنیا بسا لینے کا حوصلہ رکھتا ہے۔

عروضی اعتبار سے غور کریں تو ظفر کمالی کی قدرتِ کلام کا بہ آسانی اندازہ اس بات سے لگایا جا سکتا ہے کہ انہوں نے رباعی کے تمام ۲۴ اوزان اپنی کتاب میں استعمال کر کے یہ ثابت کر دیا ہے کہ رباعی کا کلاسیکی شعور ان کے یہاں ہے اور عروضیوں کے امتحان میں وہ بہ صد خوشی اُترنے اور کامیابی کا سودا پالنے میں کسی سے پیچھے نہیں ہیں۔ کسی

رباعی گو کے لئے یہ تو لازم نہیں کہ وہ تمام اوزان استعمال میں لائے۔ اکثر مجموعۂ رباعیات میں یہ التزام بھی نہیں رہتا۔ لیکن ظفر کمالی نے اگر تمام اوزان کا استعمال کیا ہے تو یہ بے ارادہ ممکن نہیں۔ شاید یہ وہی تازیانہ ہے جو کبھی میر انیس نے اس شعر کی معرفت اہلِ فن کے روبہ روپیش کیا تھا:

لگا رہا ہوں مضامینِ نو کے پھر انبار
خبر کرو مرے خرمن کے خوشہ چینوں کو

جو شاعر مستقل مزاجی کے ساتھ رباعیات پیش کر رہا ہو اور جس کی مطبوعہ رباعیوں کی تعداد ہزار کو پہنچتی ہو؛ اس کے لئے یہ بات بالکل مناسب ہے کہ وہ عروضی ماہرین کے سامنے اپنا نرم تر ہی سہی لیکن استادی کا دعوا کیوں نہ پیش کردے۔ یہ قدرتِ کلام اور مشقِ سخن کے ساتھ معقول علم رکھنے والے شاعر کا حق ہے کہ وہ بتائے کہ ہم نے بھی ''ڈیڑھ اینٹ کی اپنی جُدی مسجد'' بنالی ہے۔ اس مجموعۂ رباعیات کے صرف ابتدائی چند صفحات ملاحظہ کر لینے سے یہ پتا چل جائے گا کہ کس طرح شاعر کو تمام اوزان برتنے کا ہنر معلوم ہے۔ اس سے پڑھنے والے ایک ایسے شاعر کو اس کی عروضی مہارتوں کے لئے داد دیں گے جو عمر میں ابھی آٹھویں دہائی میں داخل ہونے سے بہت دور ہے لیکن اس نے فن کی جوانی میں مہارت کی پیرانہ سالی حاصل کر لی ہے۔

رباعی گوئی کا ایک کلاسیکی اصول یہ بھی ہے کہ چوتھا مصرع اس انداز میں کہا جائے جس سے پڑھنے والا چونک جائے۔ یہ موضوع، زبان، قافیہ اور مافی الضمیر ہر جہت سے انوکھا ہونا چاہیے۔ بعض فن کار غزل کے مطلع کے بارے میں بھی یہ اصول نافذ کرتے ہیں کہ شاعر اپنی تمام تخلیقی قوتیں اِن پر صَرف کر کے وہ بات پیدا کردے جس سے غزل سُبک خرامی سے دلوں میں اتر جائے۔ آخر دوغزلہ سہ غزلہ وغیرہ میں الگ سے مطلع شامل کرنا اور قصیدے میں تو باضابطہ مطلع کہہ کے نئے سلسلۂ خیال کو آگے بڑھانے کا انداز یہ بتاتا ہے کہ شعرائے کرام نے مطلعوں کے زورآور ہونے پر خوب خوب توجّہ کی ہے۔ اسی طرح بعض ماہرین اس بات پر بھی مُصر ہیں کہ جب مقطع کہا جائے تو اس میں شاعر اپنے کلیجے کا خون نکال کر رکھ دے۔ میر اور غالب کے دواوین کا مطالعہ ہمیں بتاتا ہے کہ ان کے مطلع اور مقطعے زیادہ مشہور اور ان کے نمائندہ اشعار میں شمار ہوتے ہیں؛ کہیں ایسا تو نہیں کہ ان عظیم شعرا نے انھی روایات کو گرہ میں باندھ لیا تھا اور غزل گوئی کے مرحلے میں انھی دائروں میں کامرانی ڈھونڈنے سے پرہیز کرنا لازم نہ سمجھا۔

ظفر کمالی نے بھی ماہرینِ رباعیات کے اتّباع میں چوتھے مصرعے کا طلسم نہ صرف یہ کہ خود پر لازم کیا بلکہ اپنی مہارتِ فن کے ثبوت کے طور پر اس ہنر کو بھی پیش کیا۔ اپنے فن اور قدرتِ کلام کے تئیں انہیں جو اعتماد حاصل ہے، اسی نے انہیں رباعی کے آخری مصرعے کی تنگ گلی میں مقید ہو کر فن کے کسی انوکھے نمونے کی تلاش کے لئے اُکسایا ہے۔ پڑھنے والوں نے گذشتہ صفحات میں جن رباعیات کو بہ طورِ مثال ملاحظہ کیا ہوگا، وہاں بہت ساری رباعیات میں چوتھے مصرعے کی زورآوری یوں بھی ظاہر ہو چکی ہوگی، اس لئے علاحدہ سے مثالیں پیش کرنے سے گریز مناسب ہے۔

فنّی طور پر ظفر کمالی نے کئی اور بھی تجربے کیے ہیں۔ ایک خاص بات انہوں نے مخصوص ردیفوں کو متعدد رباعیوں میں استعمال کر کے پیدا کی ہے۔ کئی بار ردیف تو وہی ہوتی ہے لیکن اگلی رباعی میں اس کے مفاہیم بالکل بدل

جاتے ہیں۔کئی ردیفوں میں پانچ پانچ رباعیات ترتیب دی گئی ہیں۔پاپا، اینٹھ، زعم، اے دل، کا احساس، سورج جیسی ردیفوں میں ظفر کمالی نے اگر بہترین رباعیات نکال لی ہیں تو یہ ان کا واقعی کارنامہ ہے۔ان سلسلے وار رباعیوں میں کچھ بات پیدا کر لینا اور دہراو کی کیفیت سے گریزاں ہوکر کامران نکل جانا ظفر کمالی کی شاعرانہ قدرت ہے۔

ظفر کمالی کی ایک حیثیت خالص نثر نگار کی ہے، اس لئے انہوں نے اپنی شاعری کو سادگی کے دائرے میں رکھتے ہوئے اس میں پُر کاری کے بیج ڈالنے کی کوشش کی ہے۔لفظوں کی چمک دَمک پیدا کرنا اور اس کے توتے مینا اُڑانے کا سودا پالنا ظفر کمالی کے خمیر میں نہیں ہے۔وہ نہایت سادہ انداز میں شعر کہتے ہیں اور اُسی سادگی میں ایسی کوئی بات پیدا کر دیتے ہیں کہ وہ بات دل کے قریب بیٹھ جاتی ہے۔اس لئے اس مجموعے میں چمکتے ہوئے مصرعے اور بارُعب تراکیب اور استعارے آسانی سے نہیں تلاش کیے جاسکتے۔ظفر کمالی فارسی زبان وادب کے استاد ہیں لیکن اپنے اشعار میں فارسیت کا زور ڈالنے کی کوئی مہم نہیں چھیڑتے۔رباعی کے اوزان کی پابندیوں سے یوں بھی اضافتوں اور تراکیب در تراکیب کی گنجائش کم تھی لیکن کچھ تراکیب، شعری پیکر، تشبیہ اور استعارے ضرور ان رباعیات میں ایسی مستعمل ہیں جنھیں ذرا غور سے ملاحظہ کرنا پڑے گا، اس کے بعد ہی یہ عقدہ کھُلے گا کہ کیسے سادگی اور غیر فارسیت میں بھی کچھ تراکیب اور پیکر سامنے آسکتے ہیں۔ملاحظہ ہو: گناہوں کی دیوار، احساس کی جاگیر، تاروں کا فلک پہ جال بُننے والے، فن کی آگ، ساغر کی آگ، سمندر ٹوٹے (سمندر کا ٹوٹنا)، گل زارِ ستم گار، پُرسوز نظاروں کے بھنور، سفّاک اشاروں کے بھنور، شراروں کا بھنور، احسان کے مرہم، بہری دھند، تم عشق کی سرکار کے نوکر ٹھہرے، دھوکے کی دیوار، سورج کی کشتی، کرنوں کی پتوار، اخلاق کے دریا کی روانی، غفلت کا سمندر، خوف کی دیواریں، تنہائی کی بزم وغیرہ۔یہ تراکیب زبان کا خوف، رعب اور آنکھوں کو چوندھیا دینے والی روشنی نہیں ہیں۔یہاں شاعر ہندوی آدابِ زبان کا زیادہ رَسیا معلوم ہوتا ہے لیکن یہ تمام تراکیب غور وفکر کرنے والے ذہن کی عکّاس ہیں۔ہر ترکیب معنیٰ کی ایک انوکھی دنیا تک قاری کو پہنچانے کا ذریعہ بن گئی ہے۔کسی بھی زبان میں تراکیب معنوی وسعت کا ہی اہم پیغام بر ہوتی ہیں۔ظفر کمالی نے اپنی رباعیوں میں ان سے یہی کام لیا۔

یہ مجموعۂ رباعیات ظفر کمالی کا بہ حیثیتِ شاعر ایک مستقل پڑاو ہے۔انہیں صرف محقّق یا ظرافت نگار سمجھ کر چھوڑ دینا اب کسی سنجیدہ قاری کے لئے ممکن نہیں ہوگا۔وہ ہم عصر رباعی گویوں کے درمیان بہت خاموشی سے لیکن مکمل استادانہ رکھ رکھاو کے ساتھ باوقار انداز میں جلوہ افروز ہیں۔اُن کے ذہن اور فکر، ادبی مزاج، علمی گہرائی اور طبیعت کے ٹھہراو کے نہایت خوش آئند نتائج برآمد ہوں گے۔رباعی کی عارفانہ، عالمانہ، کاملانہ اور ظریفانہ چوٹیاں تو انہوں نے سَر کرلیں، آنے والے وقت میں وہ کون سا شعری مدار ڈھونڈتے ہیں جس کے دائرے میں رہ کر وہ بالکل نئے شاعر کے طور پر ہمارے سامنے آئیں گے؟ کل کا مورّخ اور نقّاد ظفر کمالی سے اس کا موزوں جواب چاہتا ہے۔

● شبنم افروز

# اصغر گونڈوی: حیات اور صوفیانہ شاعری

اردو شاعری میں صوفیانہ روایت کے امین شاعروں کی فہرست میں جن شعرا کا نام سنہرے حروف سے لکھا جاتا ہے ان میں مرزا مظہر جان جاناں، خواجہ میر درد، میر تقی میر، آتش اور مرزا اسداللہ خاں غالب کے علاوہ اصغر گونڈوی کا نام شامل ہے۔ اصغر گونڈوی کی شاعری کا بیشتر حصہ متصوفانہ افکار و خیالات، مسائل و مباحث اور اصطلاحات و کیفیات کے بیان سے لبریز ہے۔ درد کے صوفیانہ افکار اور غالب کی لفظیات کا استعمال کر کے اصغر نے مسائل تصوف کو بیان کرنے کے لئے جو طریقہ استعمال کیا وہ انوکھا، دلچسپ اور ان کا اپنا اسلوب ہے۔

## پیدائش و جائے ولادت:

اصغر گونڈوی کی پیدائش ۱۸۸۴ء میں ہوئی۔ جبکہ ان کی جائے ولادت کے بارے میں بہت سے اختلافات ہیں۔ اصغر گونڈوی کی جائے ولادت کے حوالے سے کچھ بھی لکھنا بہت مشکل ہے۔ کیونکہ ان کی حالات زندگی پر لوگوں نے قلم کم ہی اٹھایا ہے اور جو لکھ دیا ہے اس میں بھی اختلافات کا دریا بہہ نکلا ہے۔ ویسے تو اصغر گونڈوی بہت بڑے اور اعلیٰ خاندان سے تعلق نہیں رکھتے تھے اور نہ ہی ان کا خاندان ہی ریاست و امارت اور ادب کے نقطۂ نظر سے بہت مشہور تھا۔ مگر اس کے باوجود جن ناقدین اور مصنفین نے ان کی جائے پیدائش اور زندگی کے حوالے سے بات کرنے کی کوشش کی ہے۔ ان کی تحریروں سے بھی اس بات کی تصدیق نہیں ہوتی ہے کہ وہ کہاں پیدا ہوئے، گونڈہ یا گورکھپور۔ چنانچہ جن ناقدین اور مصنفین نے اپنی تحقیق کی بنا پر یہ کہنے کی کوشش کی ہے کہ اصغر کی پیدائش گونڈہ یا گورکھپور میں ہوئی، آیئے ان کے قول کی سچائی انہیں کے لفظوں میں دیکھیں۔

صغیر احمد صدیقی کی تحقیق کے مطابق ''مولانا اصغر حسین اصغر گونڈہ میں پیدا ہوئے''۔(۱)

سید رشید احمد نے اپنے مضمون مطبوعہ 'قومی آواز' لکھنؤ میں لکھا ہے ''اصغر کا آبائی وطن گورکھپور تھا''(۲)

اسی نظریے کی حمایت ڈاکٹر سید اعجاز حسین بھی کرتے ہیں۔ زیادہ تر ناقدین اور مصنفین ان کی جائے ولادت گورکھپور ہی مانتے ہیں۔ سلام سندیلوی لکھتے ہیں:

> ''بہر حال کچھ بھی ہو اصغر صاحب شہر گورکھپور کے محلہ الٰہی باغ میں اسی 'چاند سورج کے مکان' میں مارچ ۱۸۸۴ء میں پیدا ہوئے۔ غالباً یہی وجہ ہے کہ وہ آج آسمان

شاعری پر چاند سورج بن کر چمک رہے ہیں''۔(۳)

اصغر گونڈوی کے والد تفضّل حسین صاحب گورکھپور میں ملازم تھے۔1884 میں ان کا تبادلہ گونڈہ ہو گیا۔ وہاں انہیں صدر قانون کی حیثیت ملی اور اسی تبادلے کی وجہ سے لوگوں میں اصغر کی جائے پیدائش کو لے اختلاف پیدا ہوا ہے۔

اصغر گونڈوی کے والد منشی تفضّل حسین عربی فارسی زبانوں پر قدرت رکھتے تھے۔ خاص طور سے انہیں فارسی زبان سے زیادہ رغبت تھی اور ان کے پاس فارسی زبان کی کتابوں کا ایک بڑا ذخیرہ موجود تھا۔ اس کے علاوہ انہیں اپنی تہذیب وتمدن سے جو والہانہ قربت تھی اس کی مثال ان کی ذاتی لائبریری میں مذہبی اور دینی کتابوں کے ساتھ اردو کی کتابوں کا کافی تعداد میں موجود ہونا تھا۔

## تعلیم و تربیت:

اصغر کی ابتدائی تعلیم وتربیت کا سلسلہ گونڈہ سے شروع ہوا۔ انہوں نے عربی فارسی اور اردو کی تعلیم مکتب سے حاصل کی اور عصری تعلیم کے لئے ان کے والد صاحب نے ایک انگریزی اسکول میں ان کا داخلہ کرا دیا۔ انہوں نے عربی فارسی اور اردو کی تعلیم مکتب سے حاصل کی۔ عصری تعلیم کے لئے ان کے والد نے ایک انگریزی اسکول میں ان کا داخلہ کرا دیا۔ 1898 میں اصغر کا نام گورنمنٹ ہائی اسکول گونڈہ میں لکھا دیا گیا اور انہوں نے 1904 میں وہاں سے مڈل پاس کیا اور پھر ہائی اسکول کا امتحان دیا مگر کامیاب نہ ہو سکے اور یہیں سے ان کا باضابطہ تعلیمی سفر ختم ہو گیا۔ اصغر گونڈوی کے والد سمجھتے تھے کہ ان کے بیٹے نے ملازمت حاصل کرنے بھر کے لئے انگریزی سیکھ لی ہے اور اسی سبب ان پر ذریعہ معاش تلاش کرنے کا دباؤ ڈالا جانے لگا۔ مگر اصغر کو حصول تعلیم کا بہت شوق تھا۔ اس کا واضح ثبوت یہ ہے کہ انہوں نے دوران ملازمت اپنے ایک اینگلو انڈین آفیسر سے مزید انگریزی سیکھنے کا سلسلہ جاری رکھ کر اپنی قابلیت میں اضافہ کیا۔

## شادی:

اصغر گونڈوی نے تین شادیاں کی تھیں۔ پہلی شادی موضع شاہ پور کے قاضی خاندان میں، دوسری چھٹن نامی ایک طوائف سے جو بہت ہی سلیقہ مند اور نماز روزہ کی پابند تھی، اس کے ساتھ اصغر کے تعلقات بہت خوشگوار تھے۔ چھٹن سے جب اصغر کو کوئی اولاد نہ ہوئی تو انہوں نے تیسری شادی 1927 میں اپنی سالی نصیر بیگم سے کر لی۔ نصیر بیگم کی شادی اس سے قبل جگر مرادآبادی سے ہوئی تھی اور یہ شادی اصغر نے خود کرائی تھی۔ اس کا مقصد یہ تھا کہ دونوں کے درمیان دوستی رشتہ داری میں تبدیل ہو جائے۔ جگر نے نصیر کا نام بدل کر نصیر کر دیا تھا۔ مگر دونوں کے درمیان تعلقات کشیدہ ہونے کی وجہ سے نسیم بیگم نے جگر سے علاحدگی اختیار کر لی تھی۔

اصغر گونڈوی کے آل اولاد کے بارے میں صرف اتنا معلوم ہے کہ ان کی پہلی بیوی سے دو لڑکیاں پیدا ہوئیں۔ جبکہ دوسری اور تیسری سے کسی اولاد کے بارے میں کوئی معلومات حاصل نہیں ہیں۔

## ذرائع معاش:

اصغر گونڈوی اپنے تعلیمی سلسلے کے منقطع ہونے کے بعد ذرائع معاش کی تلاش میں دربدر بھٹکنے لگے۔ اسی دوران

ان کی ملاقات بابوراج بہادر سے ہوئی۔ بابورج بہادر کو اصغرصاحب کی ذہانت، انداز گفتگو اور سنجیدہ مزاج نے بہت متاثر کیا اور انہوں نے ان کو ریلوے میں نوکری دلانے کی ہر ممکن کوشش کی۔ اسی کے نتیجے میں انہیں اپنی پہلی ملازمت حاصل ہوئی۔ وہاں انہوں کچھ سالوں تک کام کیا اور اپنے ساتھیوں کے درمیان مقبول ہو کر'بابو صاحب' بن گئے۔

ریلوے کی ملازمت ترک کرنے کے بعد اصغر کچھ ہی دنوں میں اپنی بے روزگاری سے تنگ آکر دوسرے ذریعہ معاش کی فکر میں لگ گئے اور جب روزی روٹی کے مسئلے نے ان کے دن کا چین اور رات کی نیندیں حرام کرنے لگا تو ملازمت کے بجائے تجارت کے پیشہ سے وابستہ ہونے کی سوچنے لگے۔ رشتہ داروں اور دوستوں نے ان کی مدد کی اور انہوں نے ان سے ملنے والے سرمایے کو 1913 میں گونڈہ بازار میں 'بساط خانہ' کی دوکان کھول کر استعمال کیا۔ اصغر کا یہ کاروبار چل پڑا لیکن چونکہ اصغر شاعر تھے، تاجر نہیں اس لئے انہیں تجارت کے پیچ وخم کا علم نہیں تھا۔ یہی وجہ ہے کہ تھوڑے وقت کے بعد ہی خسارہ اٹھانا پڑا اور بالآخر محض دوسال کی مختصر مدت میں اپنے تجارتی پیشے کے سلسلے کو ختم کرنا پڑا۔ اسی دوران اصغر بحیثیت مدیر فیض آباد تشریف لے گئے۔ 1913 میں محمد حامد حسرت نے ہفتہ وار 'قیصر ہند' جاری کیا اور اس کی ادارت کے لئے خصوصی طور اصغر کو دعوت دی۔ 'قیصر ہند' کی ادارت کے فرائض کو اصغر نے بحسن وخوبی انجام دیا۔ پہلی جنگ عظیم کی خبروں کی اشاعت کی وجہ سے قیصر ہند اردو داں طبقہ میں بہت مقبول ہوا اور لوگ اس کی اشاعت کے منتظر رہنے لگے۔ تاہم اس سے اتنی آمدنی نہیں ہوتی تھی کہ اصغر مستقل طور پر فیض آباد منتقل ہو سکیں۔ کچھ عرصے بعد 'قیصر ہند' 'پیغام' کے نام سے شائع ہونے لگا۔ اسے فروغ دینے کی اصغر نے بہت کوشش کی مگر اس کی آمدنی میں اضافہ نہ ہو سکا، جس سے اصغر کے اخراجات پورے ہو سکیں۔ آخر تنگ آکر انہوں نے رسالہ ہی بند کر دیا۔ تجارت میں لگاتار خسارہ اور رسالے کی اشاعت سے حاصل ہونے والی آمدنی سے بیزار اصغر گونڈوی ایک بار پھر 1926 میں ملازمت کی تلاش میں نکل پڑے۔ ان کی ملاقات تاجور نجیب آبادی سے ہوئی۔ ان کے کہنے پر اصغر لاہور گئے۔ وہاں وہ عطر چند کپور کے ادارے 'اردو مرکز' سے وابستہ ہو گئے۔ یہاں پہلے سے جگر مرادآبادی، یگانہ چنگیزی اور روش صدیقی جیسے اصحاب علم وفن موجود تھے۔

## کتابیں:

اصغر گونڈوی کا شمار اردو کے ممتاز شاعروں میں ہوتا ہے۔ انہوں نے تخلیق بہت کم کی مگر اپنے جداگانہ انداز و اسلوب سے مقبول ومعروف شاعروں کے درمیان امتیازی حیثیت حاصل کی۔ ان کے دو شعری مجموعے شائع ہوئے ہیں۔ پہلا مجموعہ 'نشاط روح' 1925 میں اور دوسرا مجموعہ 'سرود زندگی' 1935 میں شائع ہوا۔ ادبی جہان میں وہ باکمال شاعر کی حیثیت سے جانے جاتے ہیں لیکن انہوں نے نثر میں بھی مختلف موضوعات پر اپنے قلم کو حرکت دی ہے۔ جیسے شاعری کی ذہنی تاریخ، مرثیہ گوئی کی تاریخ، خطوط نگاری اور کئی کتابوں پر مقدمے نیز بچوں کے ادب سے متعلق بہت سے مضامین لکھے ہیں۔ ان کے مضامین رسالہ 'سہیل' اور تماہی 'ہندوستانی' میں شائع ہوتے رہتے تھے۔

## شخصی عناصر:

اصغر گونڈوی ایک منفرد شخصیت کے مالک تھے۔ ان کی شخصیت مختلف خوبیوں سے آراستہ وپیراستہ تھی۔ اپنی خوبیوں کی بنا پر وہ دوست واحباب اور ادبی حلقوں میں کافی مقبول تھے۔ اصغر گونڈوی کی شکل وشباہت کے متعلق رشید

احمد صدیقی نے ان لفظوں میں روشنی ڈالی ہے:

''دراز قد، بھرا بھرا جسم، ستھری وخوش قطع پوشاک، سر پر پٹے سڈول، فرنچ کٹ داڑھی، اونچی ٹوپی، چہرے پر اجالا، آنکھوں میں خلوص کی گہرائی اور ذہانت کی شگفتگی، تیور میں شرافت، متوسط عمر، انداز میں خوداعتمادی، دل آسائی، دل نے آواز دی کہ ایک اچھے آدمی سے ملاقات ہوئی۔ یہ اصغر صاحب مرحوم تھے''۔(۴)

رشید صدیقی کے ان جملوں سے پتہ چلتا ہے کہ اصغر کی شخصیت بڑی پرکشش اور پراسرار تھی۔ وہ نیک سیرت اور پاکباز انسان تھے۔ سچے مسلمان، نماز روزہ کے پابند، محمد ﷺ کے عاشق، پرسکون طبیعت، بے ریا خلوص، نفاست، خودداری، صبر وضبط، انصاف پسندی، ایمانداری، اپنی غلطیوں کا اعتراف، دوسروں کی تعریف اور چھوٹوں سے شفقت و محبت کا برتاؤ وغیرہ ان کی شخصیت کے وہ عناصر ہیں جو انہیں اعلی مقام پر فائز کرتے ہیں۔

اصغر نے ملازمت کے ابتدائی دور میں بابوراج بہادر کی صحبت میں مے نوشی اور طوائفوں کے بالا خانے کے بھی جلوے دیکھے۔ مگر دوسری بیوی کے اعلی اخلاق نے بہت متاثر کیا اور انہوں نے شراب و شباب سے توبہ کر لی۔ یہیں سے وہ دین و مذہب کی طرف مائل ہو گئے اور ایک بزرگ حضرت قاضی عبدالغنی منگلوری کو اپنا مرشد بنا لیا۔ اصغر کی شاعری میں تصوف کا جو رنگ ہے وہ انہیں کی صحبت سے حاصل ہوا ہے۔

اصغر کے دور میں مشاعروں کا چلن تھا۔ تاہم ان کی خاص بات یہ تھی کہ وہ بہت کم مشاعروں میں شریک ہوتے تھے۔ اگر دوستوں کے اصرار پر جاتے بھی تو اپنی غزلیں خود پڑھنے کے بجائے جگر مرادآبادی یا دوسرے شاعر سے پڑھواتے تھے۔ اس کی وجہ ان کی آواز کا دھیما پن تھا۔

## شاعری:

اصغر گونڈوی کے اکثر و بیشتر ابتدائی کلام دستیاب نہیں ہے۔ حالانکہ مختلف رسائل و جرائد میں ان کے کلام موجود ہیں۔ چونکہ اصغر نے خود اپنے کلام جلا دیے تھے جس کا ذکر 'نشاط روح' کے مقدمے میں ہے۔ تاہم اصغر کی شاعری کا جو حصہ شائع ہو کر قارئین کے سامنے ہے ان پر صوفیانہ افکار و خیالات کی دبیز چادر پڑی ہوئی ہے۔ ذیل میں ہم ان کی اسی نوعیت کی شاعری پر بحث کریں گے۔

قاضی عبدالغنی منگلوری کے ساتھ وابستگی نے اصغر گونڈوی کی شاعری میں متصوفانہ خیالات کی راہ ہموار کی۔ یہیں سے ان کے کلام میں صوفیانہ رنگ چڑھنا شروع ہوا۔ حقیقت و معرفت کے دریچے وا ہوتے گئے۔ ان کی شاعری میں سوز و گداز اور خیال انگیزی کی شمولیت ہوتی گئی۔ اس میں روحانیت کی تاثیر کے ساتھ واردات قلبی کا بیان ہونے لگا اور رنگینی و گہرائی کے ساتھ افکار دنیا کا ہجوم آباد ہونے لگا۔ ان کے یہاں صوفیانہ افکار کے علاوہ مذہبی اشعار بھی ہیں اور اخلاقیات نیز انسانیت کی فلاح و بہبود سے متعلق مضامین بھی ان کے کلام کا حصہ ہیں۔ ڈاکٹر کاظم ہاشمی اصغر کی صوفیانہ شاعری کے امتیاز کے حوالے سے لکھتے ہیں:

''انہوں نے تصوف کے اثباتی نقطۂ نظر سے زندگی اور اس کی رنگارنگی کا مطالعہ کیا ہے۔ انہوں نے بھی غم اور

خوشی، ہجر و وصال اور انسان و کائنات کے نئے نئے رنگ آنکھوں سے دیکھے اور ان کو محسوس کیا اور مطالعہ نفس و ذات کا تجربہ بھی کیا ہے اور یہی تجربہ ان کے شعری سانچے میں ڈھل کر سامنے آیا''۔(۵)

اصغر گونڈوی کی شاعری کا اسلوب بہت عمدہ ہے۔ان کے طربیہ لہجے میں فریاد و ماتم کی گنجائش نہیں۔انہوں نے اپنے خیالات کو دوسروں تک پہونچانے کے لئے خمریہ عناصر، عشقیہ عناصر اور نغمہ و ساز نیز فطرتی مناظر کی عکاسی کا سہارا لیا ہے۔ان کی شاعری دوسروں کی شعری روایت کی تقلید نہیں ہے بلکہ ان کے یہاں جدت و ندرت ہے۔نفاست و نزاکت، نغمگی و موسیقی، سنجیدگی و متانت، تقدس و طہارت، ماورائیت اور یکسانیت و ہمواریت جیسی خوبیاں موجود ہیں۔ان کے کلام میں تشبیہات و استعارے اور صنائع لفظی و معنوی کا استعمال عمدگی اور خوش اسلوبی سے کیا گیا ہے۔ان کی شاعری زبان و بیان کے بناوٹی چمک دمک سے پاک عام اور سادہ روایتی الفاظ کی ترجمانی کرتی ہے۔

ویسے تو اصغر کا کلام مختصر مگر منتخب ہے۔جس کا اہم موضوع تصوف ہے۔انہوں نے متصوفانہ موضوعات کو اعلیٰ فنی بصیرت کے ساتھ جامۂ اظہار عطا کیا ہے۔یہی وجہ ہے کہ اکثر ناقدین نے انہیں ایک صوفی شاعر تسلیم کیا ہے مگر مجنوں گورکھپوری کو ان کے تصوف پر شک ہے۔وہ لکھتے ہیں:

> ''اصغر کی شاعری کو تصوف کی شاعری بتایا جاتا ہے اور آج تک ہم اس مبہم رائے کا اعادہ کرتے چلے آرہے ہیں۔لیکن اصغر کے کلام کا اردو اور فارسی کے صوفی شعرا کے کلام سے موازانہ کیا جائے تو ہماری سمجھ میں نہیں آتا کہ اگر ان کو بھی تصوف کا شاعر کہا جائے تو یہ کس قسم کا تصوف ہوگا۔سطحی اور سرسری طور پر کہہ دینا بڑی غیر تنقیدی بات ہے کہ اصغر کے کلام میں خیام اور حافظ کا رنگ ملتا ہے''۔(٦)

حالانکہ اصغر کی شاعری کا مطالعہ کرنے سے یہ بات ظاہر ہوتی ہے کہ مجنوں نے جو بات کہی ہے وہ محل نظر ہے۔کیونکہ اصغر کے یہاں عمر خیام کا فلسفہ لاادریت موجود ہے۔مثلاً

تمام دفتر حکمت الٹ گیا ہوں میں
مگر کھلا نہ ابھی تک کہاں ہوں کیا ہوں میں

مولانا روم، حافظ اور عمر خیام نے شراب اور مناظر فطرت وغیرہ کو بنیاد بنا کر جس طرح کی صوفیانہ شاعری کی ہے اصغر نے بھی اپنے کلام میں ان چیزوں کو شامل کیا ہے۔ان کے یہاں بھی بادہ و ساغر، مناظر فطرت اور کائنات کی دوسری اشیا کے سہارے عشق حقیقی کی ترجمانی بہت خوبصورت انداز میں ملتی ہے۔مثال کے طور پر حافظ کے چند اشعار ملاحظہ ہوں

ساقی بہ نور بادہ بر افروز جام ما
مطرب بگو کہ کار جہاں شد بکا ما
ما در پیالہ عکس رخ یار دیدہ یم
اے بے خبرز لذت شرب مدام ما

اسی مضمون کو اصغر کے یہاں دیکھئے

مجھ پہ نگاہ ڈال دی اس نے ذرا سرور میں
صاف ڈبو دیا مجھے موج مئے ظہور میں
اس نے مجھے دکھا دیا ساغر مئے اچھال کر
آج بھی کچھ کمی نہیں چشمک برق طور میں

غرضیکہ اصغر کی صوفیانہ شاعری میں جس قسم کے رموز و نکات ملتے ہیں۔ ان سبھی کو ہم ان کے اور مولانا روم، عمر خیام اور حافظ کے درمیان موازنے کے طور پر پیش کر سکتے ہیں۔ اس لئے اصغر کو صوفی شاعر کہنے میں کس طرح کی ہچکچاہٹ نہیں ہونی چاہئے۔ اسی حوالے سے سلام سندیلوی رقمطراز ہیں:

> ''مجنوں صاحب کا یہ قول کہ اصغر کی شاعری میں حافظ کی مستی، خیام کی تیکھی حکیمانہ لاادریت یا رومی کی عرفانیت نہیں ہے، سراسر غلط ہے۔ البتہ ہم یہ کہہ سکتے ہیں کہ اصغر نے فارسی شعرا کی کورانہ تقلید نہیں کی ہے بلکہ ان کی ندرت پسند طبیعت نے تصوف کے لئے اپنی نئی راہ تلاش کی ہے۔ مگر بہرحال یہ نئی راہ تصوف کی ہی طرف لے جاتی ہے''۔(۷)

اسی نظریے کی تائید میں ڈاکٹر عبادت بریلوی لکھتے ہیں:

> ''اصغر کے یہاں موضوعات کا تنوع نہیں ہے۔ صرف تصوف کی کیفیات ہیں جو کہیں کہیں فلسفے کے حدود میں داخل ہوتی نظر آتی ہیں''۔(۸)

خود اصغر گونڈوی نے اپنی شاعری میں صوفیانہ روش کی وضاحت کی ہے۔ مولوی محمد سراج الحق مچھلی شہری فرماتے ہیں:

> ''ایک دن غالباً خود کسی سلسلۂ سخن میں کہنے لگے کہ میری شاعری خواجہ میر درد کے معانی اور مرزا غالب کے الفاظ کا مجموعہ ہے''۔(۹)

اب تک ہم نے اصغر گونڈوی کے متصوفانہ افکار اور ان کے صوفی شاعر ہونے یا نا ہونے کے مسئلے کو لے کر بحث کر رہے تھے۔ اب جب اس بات کی وضاحت ہوگئی ہے کہ اصغر کی شاعری کا تعلق تصوف سے رہا ہے، تو آیئے ہم دیکھتے ہیں کہ ان کے کلام میں تصوف کے کون کون سے مضامین، اصطلاحات، اشارات اور نکات ملتے ہیں۔

اس میں کوئی شک نہیں کہ اصغر رسمی طور پر نہیں بلکہ عملی طور پر صوفی تھے۔ انہوں نے عبادت و ریاضت کی بنا پر تصوف کی راہیں بذات خود طے کیں تھیں۔ ہمیشہ پاکیزگی، تقدس، خلوص عبادت اور صفائی قلب کے ساتھ زندگی گزاری۔ اسی لئے ہمیں ان کی شاعری میں تصوف کے وہ تمام مضامین و مسائل موجزن نظر آتے ہیں۔

اصغر گونڈوی کا تعلق سلسلۂ چشتیہ سے تھا اور اس سلسلے کا خاص اصول مسئلہ وحدت الوجود ہے۔ جس میں یہ تصور کارفرما ہے کہ کائنات میں صرف ذات واحد (یعنی خدا کی ذات) حقیقی ہے، باقی تمام اشیاء، مناظر اور دیگر

موجودات عالم غیر حقیقی، ظلی، ضمنی ہیں، جو انسانوں کو وہم وگمان میں مبتلا کر دیتی ہیں۔ یہی وجہ ہے کہ ہم اصغر کے کلام میں مسئلہ وحدت الوجود کے رنگ کو بہت گہرے شدت تاثیر میں لپٹا دیکھتے ہیں۔

لو شمع کی اپنی ہی جگہ پر ہے فانوس کی گردش سے کیا کیا نظر آتا ہے
جو نقش ہے ہستی کا دھوکہ نظر آتا ہے پردے میں مصور تنہا ہی نظر آتا ہے

جیسا کہ ہم نے جانتے ہیں کہ اصغر نے اپنی متصوفانہ شاعری میں تمام صوفیانہ اصولوں، اصطلاحات و کیفیات کو مختلف انداز میں پیش کیا ہے۔ وحدت الشہود بھی انہیں مسائل میں سے ایک اہم مسئلہ تصوف کی حیثیت رکھتا ہے۔ وحدت الشہود بھی وحدت الوجود کی طرح ہی ہے۔ صوفی دنیاوی مناظر کو خدا کی ذات کا شاہد مانتے ہیں۔ یعنی کائنات کی ہر چیز اپنا الگ وجود رکھتی ہے لیکن ان تمام چیزوں کا پیدا کرنے والا چونکہ خدا ہے اس لئے کائنات کی ہر شے اس کی ذات کی گواہی دیتی ہے۔ اصغر کی شاعری میں وحدت الشہود کے رموز و نکات جا بجا بکھرے ہوئے ہیں۔ مثلاً

پھر یہ سب شورش و ہنگامۂ عالم کیا ہے
اسی پردے میں اگر حسن جنوں ساز نہیں

یعنی دنیا کے تمام ہنگامے خدا کی ذات سے ہیں۔ اصغر نے یہاں استفہامیہ لہجہ اختیار کیا ہے جو بہت ہی پر لطف ہے۔ اس سے قبل اسی موضوع پر غالب نے یوں لکھا تھا

جبکہ تجھ بن نہیں کوئی موجود
پھر یہ ہنگامہ اے خدا کیا ہے

وحدت الشہود کا نظریہ اصغر گونڈوی کی شاعری میں کئی انداز میں بیان ہوا ہے۔ کہیں انہوں نے لالۂ وگل میں محبوب حقیقی کے عکس کو دیکھا ہے تو کہیں انہوں نے کائنات کے ہر ذرے میں جمال یار کو محسوس کیا ہے، کہیں بہار میں خدائے واحد کا جلوہ نظر آتا ہے، تو کہیں موج نسیم بہار میں ذات خداوندی کی شوخیوں کا دیدار ہوتا ہے۔ چند اشعار بطور مثال ملاحظہ ہوں

پردۂ لالۂ و گل بھی ہے بلا کا خوں ریز
اب زیادہ نہ کرے حسن کو عریاں کوئی
ہر ذرہ آئینہ ہے کسی کے جمال کا

یوں ہی نہ جانیے مرے مشت غبار کو
تیری ہی شوخیوں تھیں گرہ میں دبی ہوئی
چھیڑا جو میں نے موج نسیم بہار کو

ان کے علاوہ بھی بہت سے اشعار ایسے ہی جو اس نظریے کی مختلف پہلوؤں سے ترجمانی کرتے ہیں اور اصغر کے صوفیانہ انداز وفکر کی گواہی دیتے ہیں۔

معرفت کو تصوف کی اصطلاحات میں تیسرا درجہ حاصل ہے۔ اس حد میں پہنچ کر صوفیا کو خدا کا عرفان حاصل ہوتا ہے۔ چونکہ اصغر ایک صوفی تھے اس لئے جب وہ تصوف کی منزل معرفت میں قدم رکھتے ہیں تو ذات حق یا راز حقیقت سے آشنا ہو جاتے ہیں اور کہتے ہیں

اٹھاؤں پردۂ ہستی جو ہو جہاں نہ خراب
سناؤں راز حقیقت جو خوف وار نہ ہوں

اصغر گونڈوی نے اپنے متعدد اشعار میں اس بات پر زور دیا ہے کہ خدا کو صرف جستجو سے حاصل نہیں کیا جا سکتا ہے بلکہ اس کو محسوس کیا جاتا ہے۔ اس تک پہنچنے کا ذریعہ بے خودی ہے نیز اس کو پانے یا اس سے ملنے کا کوئی ایک مقام متعین نہیں ہے۔ بات تو سچے جذبات اور دل کی صدا میں شدت کے ہونے سے بنتی ہے۔ جو یہ کیفیت پیدا کر لے وہ اپنے محبوب کے وصال کی امید رکھے۔ اصغر کے چند اشعار جن میں معرفت کی متعدد صورتیں نظر آتی ہیں۔

جس پر مری جستجو نے ڈال رکھے تھے حجاب بے خودی نے اب اسے محسوس وعریاں کر دیا
پاس ادب میں جوش تمنا لئے ہوئے میں بھی ہوں اک حجاب میں دریا لئے ہوئے
تسلیم مجھ کو خانۂ کعبہ کی منزلت سب کچھ سہی مگر وہ ترا آستاں نہیں

تصوف کا ایک اہم مقام حقیقت ہے۔ صوفی اس منزل پر پہنچ کر خدا کی ذات کو مکمل طور پر سمجھ لیتا ہے اور اس سے بہت قریب ہو جاتا ہے۔ منزل حقیقت کے عناصر اصغر کے کلام میں کچھ اس طرح جلوہ افروز ہیں۔

اسرار عشق ہے دل مضطرب لئے ہوئے
قطرہ ہے بے قرار سمندر لئے ہوئے
دیکھتا ہوں میں کہ ہے بحر حقیقت جوش میں
جو حباب اٹھ اٹھ کے مٹتا ہے سر منصور ہے

فنا تصوف کا ایک اہم نکتہ ہے۔ اس کے متعلق حضرت مجدد الف ثانیؒ نے ان لفظوں میں روشنی ڈالی ہے:

”جو شخص اپنے وجود کے ہر ذرے کو تمام اشیا کا آئینہ پاتا ہے تو اسے فنا فی اللہ کا درجہ حاصل ہو جاتا ہے۔ سالک اپنے ہر ذرے کو فانی کرتا ہے اور ہر ذرے کی شیون الٰہی

کی ایک شان پاتا ہے''۔(۱۰)

صوفی وادیٔ فنا میں پہنچ کر اپنے آپ سے بیگانہ ہو جاتا ہے اور خود کو ذات حق میں گم کر دیتا ہے۔ اصغر کے یہاں بھی وادیٔ فنا میں پہونچے اور اپنی ہستی کو عشق حقیقی میں ضم کرنے کے متعلق کئی اشعار ملتے ہیں۔

آک صورت افتادگیٔ نقش فنا ہوں
اب راہ سے مطلب نہ مجھے راہ نما سے
خاک کردیں تپش عشق سے ساری ہستی
پھر اسی خاک کو خاک در جاناں کر دیں
اب مجھے خود بھی نہیں ہوتا ہے کوئی امتیاز
مٹ گیا ہوں اس طرح اس نقش پا کے سامنے

تصوف میں فنا کے بعد جو مرحلہ آتا ہے وہ بقا کا ہے۔ بقا کو ہم غوث الاعظم کے قول کے ذریعہ آسانی سے سمجھ سکتے ہیں:

''بقا بغیر لقا کے نہیں ہوتی۔ کیونکہ وہ بقا جس کے ساتھ فنا نہ ہو بغیر اس لقا کے نہیں ہوتی جس کے ساتھ انقطاع نہ ہو اور یہ حالت پلک مارنے بھر کی ہوتی ہے یا اس کے قریب۔ اور اہل بقا کی علامت یہ ہے کہ اس کے ہمراہ اس وصف لقا میں کوئی چیز فانی موجود نہیں ہوتی۔ بدرجۂ ان دونوں کے ایک دوسرے کے ضد ہونے کے''۔(۱۱)

اصغر گونڈوی نے اپنے بہت سے اشعار میں مقام بقا کا تصور بڑے والہانہ انداز میں پیش کیا ہے۔ مثال کے طور پر چند اشعار دیکھیں۔

میں یہ کہتا ہوں فنا کو بھی عطا کر زندگی
تو کمال زندگی کہتا ہے مرجانے میں ہے
ان کی تجلیوں کا بھی کوئی نشاں رہے
ہر ذرہ میری خاک کا آتش بہ جاں رہے

بے خودی اس کیفیت کا نام ہے جس میں ڈوبے کے بعد انسان مدہوش ہو جاتا ہے۔ مگر یہ مدہوشی تصوف کی زبان میں مختلف ہوتی ہے۔ یعنی سکر کی سی کیفیت ہوتی ہے۔ مگر مفہوم کے اعتبار سے دونوں میں بہت فرق ہے۔ صوفی پر یہ کیفیت معرفت حقیقت کے وقت طاری ہوتی ہے۔ جبکہ بے خودی کا عالم صوفی پر یاد خدا میں غرق ہونے کے بعد طاری ہوتا ہے۔ اصغر گونڈوی کے کلام میں بے خودی کی بہت سی مثالیں بکھری پڑی ہیں۔ اصغر کا فلسفۂ خودی اقبال کے فلسفۂ خودی سے بہت ملتا جلتا ہے۔ اقبال کہتے ہیں

خودی کی یہ ہے منزل اولیں
مسافر یہ تیرا نشیمن نہیں

بے خودی کے اسی نظریے کو اصغر یوں بیان کرتے ہیں۔

خودی ہے جو لئے جاتی ہے سب کو بے خبر کر کے
اسی چھوٹے سے نقطے پر نظر ہے سارے عالم کی
مری اک بے خودی میں سینکڑوں ہوش و خرد گم ہیں
یہاں کے ذرے ذرے میں ہے اک وسعت بیاباں کی

مشاہدۂ حق تصوف کا وہ مقام ہے جس کو اصغر نے اپنے کلام میں بارہا پیش کیا ہے۔ مشاہدے کے معنی دل کے ذریعہ خدا کو دیکھنے کے ہیں۔ اصغر جب حسن حقیقی کا جلوہ دیکھتے ہیں تو اس سے لطف اندوز ہوتے ہیں اور اپنی طرب انگیزی کو اپنے اشعار کے ذریعہ لوگوں تک پہنچانے کی کوشش کرتے ہیں۔

ادنی سا یہ حیرت کا کرشمہ نظر آیا
جو تھا پس پردہ سر پردہ نظر آیا
بے تکلف ہو کے مجھ سے سب اٹھا ڈالے حجاب
شاہد دیر و حرم نے مست و حیراں کر دیا

یہاں یہ بات واضح ہو جاتی ہے کہ اصغر گونڈوی نے اپنی شاعری میں تصوف کے جو بھی مسائل اور اصطلاحات ہیں، ان تمام کو جگہ دینے کی کوشش کی ہے۔ یہاں جن اصطلاحات کا تذکرہ ہوا ہے ان کے علاوہ بھی انہوں نے بہت سارے مضامین و اصطلاحات کو شاعری کا جامہ پہنایا ہے۔ تجلی، ازل، شریعت، طریقت، وادئ طلب، وادئ استغنا، وادئ حیرت، مراقبہ، محادثہ، مسامرہ، شوق، حضور و غیب، احسان، وجد، بسط، قبض، صحو، سکر، تجرید، تفرید، تلوین، تمکین، انابت، اثبات، محو، رضا، دعا، سکوت، لقا، تعذر اور یک بینی وغیرہ کے رنگ ان کی شاعری کا خاص حصہ ہیں۔ اصغر گونڈوی کے متصوفانہ افکار سے پر مزید چند اشعار بطور مثال پیش کیے جا رہے ہیں۔

اک برق تھی ضمیر میں فطرت کے موجزن
آج اس کو حسن و عشق کا ساماں بنا دیا
(تجلی)

ازل میں کچھ جھلک پائی تھی اس آشوب عالم کی

ابھی تک ذرے ذرے پر ہے حالت رقص پیہم کی
(ازل)

ہوش کسی کا بھی نہ رکھ جلوہ گہہ نماز میں
بلکہ خدا کو بھول جا سجدۂ بے نیاز میں
(شریعت)

یہ مجھ سے پوچھئے کیا جستجو میں لذت ہے
فضائے دہر میں تحلیل ہوگیا ہوں میں
(وادیٔ طلب)

بے خودی میں دیکھتا ہوں بے نیازی کی ادا
کیا فنائے عاشقی خود حسن بن جانے میں ہے
(وادیٔ استغنا)

اے پیکر محبوبی !میں کس سے تجھے دیکھوں؟
جس نے تجھے دیکھا ہے، وہ دیدۂ حیراں ہے
(وادیٔ حیرت)

رگ رگ میں اور کچھ نہ رہا جز خیال دوست
اس شوخ کو ہوں آج سراپا لئے ہوئے
(مراقبہ)

ان کے علاوہ متعدد اشعار اصغر کے یہاں دیکھے جاسکتے ہیں۔

**خاتمہ**:

اصغر گونڈوی کا شمار عبوری دور کے شعرا میں ہوتا ہے۔ ان کا کلام بھی درد کی طرح مختصر مگر منتخب ہے۔ انہوں نے اپنے متصوفانہ افکار کو اعلیٰ فنی بصیرت کے ساتھ جامۂ اظہار عطا کیا ہے۔ اصغر کے کلام میں کائنات، حیات اور انسانی اخلاق و عادات سے متعلق فکر کی جتنی مثالیں نظر آتی ہیں ان پر تصوف کا پرتو پڑا ہوا ہے۔ خدا کے وجودی تصور، کائنات کی موہومی، خیر و شر میں تمیز، جبر و قدر کے مسئلے، قدر و قیمت، بندہ و خدا کے تعلق اور دیگر متصوفانہ افکار و خیالات اصغر کے کلام کی زینت ہیں۔

**حواشی:**

۱۔ مضمون صغیر احمد صدیقی، نقوش لاہور، شخصیات نمبر،ص:۱۴۸۳۔ مطبوعہ ۱۹۵۶ء،تصوف اور اصغر گونڈوی،ص:۳۵۷

۲۔ مضمون سید رشید احمد،مطبوعہ قومی آواز لکھنؤ۔قسط اول اکتوبر ۱۹۷۰ص:۳۵۷،بحوالہ تصوف اور اصغر گونڈوی،ص:۳۵۶

۳۔ سلام سندیلوی،تصوف اوراصغرگونڈوی،ص:۳۶۲

۴۔ گنج ہائے گراں مایہ، پروفیسر رشید احمد صدیقی، ص:۱۰۴،مطبوعہ مکتبہ جامعہ، دہلی۔اگست ۱۹۷۲، بحوالہ،تصوف اوراصغرگونڈوی،ص:۴۰۹

۵۔ ڈاکٹرکاظم ہاشمی،تصوف کے نغمات سرمدی،ص:۱۵۵

۶۔ غزل سرا،مجنوں گورکھپوری،ص:۲۹۶بحوالہ،سلام سندیلوی،تصوف اوراصغرگونڈوی،ص:۴۵۶۔۴۵۷

۷۔ سلام سندیلوی،تصوف اوراصغرگونڈوی،ص:۴۶۴۔۴۶۵

۸۔ غزل اورمطالعہ غزل،ص:۴۰۰،بحوالہ تصوف اوراصغرگونڈوی،ص:۴۶۷

۹۔ اصغر،مرتبہ عبدالشکور، مضمون مولوی محمدسراج الحق مچھلی شہری، بہ عنوان ''حضرت اصغرکےبعض ادبی افادات، ص:۱۳،بحوالہ تصوف اوراصغرگونڈوی،ص:۶۷۵

۱۰۔ حضرت مجددالف ثانی،مولف محمداحسان اللہ عباسی،ص:۱۲۵،بحوالہ تصوف اوراصغرگونڈوی،ص:۲۲۳

۱۱۔ الدرالمنظم فی مناقب غوث الاعظم،مولفہ شاہ محمدعلی انور،ص:۲۸۲۔۲۸۳،بحوالہ تصوف اوراصغرگونڈوی،ص:۲۲۴

**● اسلم بدر**

# نیاز اختر کی کہانیوں کے اشاریے

دنیا کا ہر انسان معلوم و غیر معلوم نفسیات کے ساتھ اپنی زندگی جیتا ہے۔ادب اور زندگی کے اٹوٹ رشتے کے سبب، ادب بھی بغیرِ نفسیات تخلیق نہیں پاسکتا۔افسانوی ادب میں بھی اس کے اثرات سے نہ تو پریم چند بچ سکے ہیں، نہ منٹو، نہ بیدی، نہ گدی نہ ہی ہمارے شہر جمشید پور کے اختر آزاد، انور امام، مہتاب عالم پرویز اور نہ ہی 'بوڑھے برگد کا انت' کے نیاز اختر۔الجھن اس وقت ہوتی ہے جب یہ نفسیاتی رویئے، کہانی پن کو تو کہیں دور پھینک دیتے ہیں اور افسانہ، محض نفسیاتی الجھنوں کا مکڑ جال بن کر رہ جاتا ہے۔الجھنیں اُس وقت اور پریشان کرنے لگتی ہیں جب افسانہ نگار کسی خاص مصلحت کے تحت یا دانشوری کا خودساختہ بوجھ ڈھونے کے لئے یا ابیقوریت کی تقلید میں یا کبھی کبھی بس یونہی (تفنن طبع کی خاطر) نہایت ہی پیچیدہ راستوں پر نامعلوم منزل کی تلاش میں چل پڑتے ہیں اور چلتے رہتے ہیں۔ان حالات میں فن تو شکار ہوتا ہی ہے، ممکن ہے خود فنکار بھی شکار، بلکہ بیمار ہو جائے۔خصوصی طور پر آج کے افسانے اور افسانہ نگار اس چھوت کی بیماری سے بچے ہوئے نہیں ہیں۔ایسے میں اگر کبھی فلسفے کا بخار بھی چڑھ آیا تو موت یقینی سمجھئے۔ جس کا اعلان پچھلی صدی میں ہی ہو چکا ہے.....The death of an Author۔اس مضحکہ خیز اعلان کا تتمہ یہ کہ ادیب تو ادیب، ادب بھی دم توڑ چکا ہے۔

غرض، عرض معروض یہ کہ ادب، جو زندگی کا خوبصورت ترجمان ہے، ایسا نہ ہو کہ کسی نا قابل برداشت بوجھ تلے دب کر واقعی دم توڑ دے یا الجھنوں کا ایسا محبس ہو جائے کہ باہر سے اندر اور اندر سے باہر بیر بہوٹی جیسے مناظر تو ہوں مگر دکھائی ہی نہ دیں۔

مگر فی الوقت فلسفے کی نہیں، صرف نفسیات کی بات کروں گا، اس لئے کہ فلسفے کا جان لیوا بوجھ بیرون ذات کا مسئلہ ہے، اتارا بھی جاسکتا ہے۔نفسیات کا مسئلہ اندرون ذات کا ہے۔ اکثر یہ پتا ہی نہیں چلتا کہ کس چور دریچے سے کون گھس آیا ہے اور اندرون خانہ کیسی لوٹ مچا رکھی ہے۔مسئلہ یہ ہے کہ یہ چور دریچے بند رکھے جائیں یا کھُلے۔سچائی یہ ہے کہ بند دریچے، کھلے دریچوں سے زیادہ خطرناک ہوتے ہیں۔ایک سنہری لکیر یہ کہ ایسی صورت حال میں نفسیاتی علاج شرطیہ اور تیر بہدف ہے۔بیماری نا قابل علاج نہیں ہے۔بس کسی تجربہ کار معالج کے ساتھ دو چار نشستوں کی

ضرورت ہوگی۔

تازہ کار افسانہ نگار نیاز اختر کے افسانوں کے مجموعے 'بوڑھے برگد کا انت' کا ہر افسانہ کسی نہ کسی انسانی و حیوانی نفسیات کی طرف اشارہ کرتا ہے، مگر کوئی افسانہ کہیں بھی کسی نفسیاتی مکڑ جال کا شکار دکھائی نہیں دیتا۔ شاید اسی رویئے کو افسانوی ادب میں 'کہانی پن'، 'بیانیہ' یا 'خط مستقیم' پر چلنے کا عمل کہا گیا ہے۔ یہ عوامل نیاز اختر کی کہانیوں میں بدرجہ اتم پائے جاتے ہیں۔ میں نیاز اختر کو افسانہ نگار نہ کہہ کر کہانی کار کہنا پسند کروں گا۔

ہماری روزانہ کی زندگی میں ان گنت واقعات رونما ہوتے رہتے ہیں۔ ایسا ہی کوئی معمولی یا غیر معمولی واقعہ، ایک کہانی کار کی سوچ میں پہلے ایک کہانی کے روپ میں جنم لیتا ہے، جسے شاعرانہ یا ڈرامائی رنگ دے کر افسانہ بنالیا جاتا ہے۔ اور تب کہانی، افسانے کا روپ لے کر خط منحنی کا سفر طئے کرنے لگتی ہے۔ خط منحنی کے اس سفر میں، ابہام، الجھنیں، استعاراتی نظام جیسے عناصر در آتے ہیں۔ کہانی یا بیانیہ کی 'سادگی کا حسن'، گہنے پہن کر پر شکوہ تو ہو جاتا، پر وقار نہیں رہتا۔ قاری کی نظر 'حسن' پر کم 'شکوہ' پر زیادہ جمنے لگتی ہے .... نیاز اختر کی کہانیوں میں 'سادگی' ہی حسن کا زیور ہے۔ ایک کلاسیکی شعر سُن لیجئے۔

ہے جوانی خود جوانی کا سنگھار
سادگی گہنا ہے اس سِن کے لئے

میرے مطالعے کی حد تک، موجودہ نسل کے افسانہ نگاروں اور کہانی کاروں میں مجھے اپنے شہر میں نیاز اختر کی شکل میں ایسا پہلا کہانی کار ملا ہے جس نے اپنی کہانیوں میں زبردستی کی جنسیات یا جنسی نفسیات یا دیگر مکڑ جال کی ٹھونس ٹھانس نہیں کی ہے۔ کہیں کہیں اشاروں، کنایوں میں ایک آدھ نفسیاتی پچ دے کر آگے بڑھ گئے ہیں اور کہانی کو آگے بڑھایا ہے۔

'بوڑھے برگد کا انت' کی کہانیوں کا تجزیاتی مطالعہ پیش کرتے ہوئے جناب منظر کلیم کی اجمالی رائے کے بعد کچھ اور کہنے کی گنجائش نہیں رہ جاتی، تاہم اجمال کی تفسیر و تاویل تو پیش کی ہی جا سکتی ہے۔ میرا کام اب اتنا ہی ہے کہ نقطوں کا رقص دائرہ ہو جائے۔ اس کے لئے مرکز نگاہ خصوصی طور پر دو کہانیاں 'گدھ' اور 'بوڑھے برگد کا انت' ہیں۔ اپنی پسند کی دو ایک اور کہانیوں سے بھی سرسری گزر جاؤں گا۔

راقم وقاری پیشے سے ٹاٹا اسٹیل کے شعبۂ محافظت، صحت و ماحولیات سے متعلق تھا اور کسی حد تک Industrial Management سے بھی شناسائی تھی۔ اس لئے ہوسکتا ہے تاویل و تفسیر کچھ میکانکی ہو جائے، جس کے لئے قارئین سے معذرت چاہوں گا۔ ہوسکتا ہے کہانی کار کو بھی الجھن محسوس ہو کہ خواہ مخواہ میری سادہ سی کہانی کا افسانہ بنادیا گیا۔ تاہم سن لیں۔ فیصلہ، تاویل کے بعد کیجئے گا۔

صنعتی ترقی کی بے سمت و بے مہار بھاگم بھاگ کے نتیجے میں ماحولیاتی آلودگی کے سبب کچھ حیوانی نسلوں ( بشمول پرندوں ) کا عنقا ہو جانا، نئی نئی بیماریوں کا پھیلنا، موسموں کے مزاج کا بدلنا اور سنامی جیسے حادثات تو چھوٹے

چھوٹے وقوعے ہیں۔ ماہرین فلکیات و ماحولیات کا ماننا ہے کہ اگر زمین پر کنکریٹ اور چمنیوں کے جنگل یونہی اُگتے رہے اور چمنیاں یونہی بے لاگ اور بے روک ٹوک دُھواں اُگلتی رہیں تو وہ دن دور نہیں کہ ہماری زمین کو ایک بار پھر طوفان نوح کا سامنا کرنا پڑے۔ اس کی دو وجہیں ہوں گی۔ گلوبل وارمنگ (global warming) اور اثیری تہوں میں سوراخ (Depletion in Ozone layer)۔ گلوبل وارمنگ کی بڑی وجہ تو ہمیں معلوم ہے کہ کارخانوں کی چمنیوں سے نکلنے والا دھواں ہے (جس میں گرد و غبار اور کاربن ڈائی آکسائیڈ گیس شامل ہیں)۔ اس سے نہ صرف ہوا میں، سانس لینے کے لئے ضروری آکسیجن کا تناسب بگڑ رہا ہے، بلکہ اس سے بھی اہم یہ کہ غبار اور دھوئیں کی دبیز تہیں سورج کی اُن کارآمد اور مفید شعاعوں کے آگے چلمن ہو جاتی ہیں، جن کی زمین پر بسنے والے ہر جاندار کو ضرورت ہے۔ نتیجہ، بیماریاں، مہاماریاں، موت۔

اوزون کی تہیں زمین کی سطح سے تقریباً ۳۰ میل کی بلندی پر ہیں اور زمین کے چاروں طرف ماسک کی صورت، سورج کی زہریلی شعاعوں (Ultra Violet Rays) کو چھان کر، مفید شعاعیں زمین تک اتارنے میں ہمہ دم مصروف عمل ہیں۔ مگر ہم ہیں کہ اس ماسک میں سوراخ کرنے میں مصروف ہیں۔ کارخانوں سے نکلتے ہوئے دھوئیں میں ایسے کچھ کیمیائی عناصر بھی ہوتے ہیں، جن سے اوزون کی تہوں میں سوراخ ہو رہے ہیں۔ اُن سوراخوں سے سورج کی زہریلی شعاعیں براہ راست زمینی سطح تک اتر رہی ہیں۔ ان شعاعوں کے اثر سے بھی عالم حیوانات و نباتات کی دائروی زندگی میں کھلبلی مچی ہوئی ہے۔ مگر یہ سب بھی چھوٹے چھوٹے وقوعے ہیں۔ بڑا وقوعہ یہ کہ ان شعاعوں کے زیر اثر آہستہ آہستہ شمالی اور جنوبی قطبین میں کھڑے ہوئے برف کے عظیم پہاڑ اور جمی ہوئی برف کے مہیب سمندر پگھل رہے ہیں۔ زمینی سمندروں کی سطح رفتہ رفتہ بلند ہونے لگی ہے۔ اگر آلودگی پر لگام نہیں کسی گئی تو اثیری تہوں میں دریچے اور دروازے کھل جائیں گے۔ تب زمین کو غرقاب ہونے سے کون روک سکے گا...... آنے والی آبی قیامت کا منظر نامہ آپ کے سامنے ہے۔ صنعت کار بیدار ہوں یا نہ ہوں، ایک کہانی کار بیدار ہے۔

اب ذرا ایک نظر صنعت کاری کی بے لگام بھاگم بھاگ پر بھی ڈال لی جائے۔ صنعت کاری کے لئے 'خام مال' (Raw Material)، 'تکنیکی صلاحیت' (Technical Expertise) اور نفع بخش پیداوار (پیداواریت یا Productivity) کی اہمیت مسلم ہے۔ کارخانہ، کارخانہ دار اور کارخانے کے کامگار بھی اس مثلث کے زاوئے ہیں۔ ان تمام اکائیوں میں سب سے اہم اکائی ہے، نفع بخش پیداوار (محض پیداوار نہیں بلکہ، پیداواریت)۔ صنعت کاروں کے بیچ 'پیداواریت' کے فروغ کے لئے ہی قومی و بین الاقوامی مقابلے جیسی فضا قائم ہو گئی ہے۔ ایک دوسرے کے آگے پیچھے بھاگتے ہوئے یہ دیکھنے کا بھی ہوش کسے ہے کہ 'منزل' کوسوں پیچھے چھوٹ چکی ہے۔

پہلی کہانی 'گدھ' کا تھیم یقینی طور پر قومی اور بین الاقوامی صنعتی فروغ کی یک طرفہ بھاگم بھاگ ہے۔ یک طرفہ اس لئے کہ یہ ایسی کساد بازاری ہے جہاں کچھ پانے کی ہوس میں، بہت کچھ کھویا جا رہا ہے۔

ہمارے ملک میں صنعتی فروغ کے لئے پارسیوں کو اولیت حاصل ہے۔ جمشید جی نوشیرواں جی ٹاٹا کے کپڑے کی ملوں سے ہوتا ہوا یہ کاروبار، ٹاٹا اسٹیل تک اور پھر لاتعداد صنعتی اکائیوں تک پہنچ چکا ہے۔ نیاز اختر نے ایک

ماہر سنگ تراش کی طرح 'گدھ' کی صورت ایسا بُت تراشا ہے جس کی تصویر ان کے ذہن میں بھی تھی اور پتھر میں بھی۔ کہانی کا پس منظر پارسیوں کا Tower of Silence ہے، جسے کہانی کار نے بہت سوچ سمجھ کر باؤلی کا نام دیا ہے۔ باؤلی سنتے ہی ذہن میں 'اندھی باؤلی' کا تصور ضرور ابھرے گا۔

نیاز اختر کی اس صنعتی کہانی میں ایک ایسی صنعت کاری ہے، جہاں زرتشتیت یا پارسی مذہب 'کارخانے کا مالک' (کارخانہ دار) ہے۔ یاد کیجئے کہانی کا وہ ڈائیلاگ:

''ہم پارسی اپنی لاش گاڑتے یا جلاتے کیوں نہیں''

''کیونکہ مرنے کے بعد بھی کسی کے کام آئیں''

''مسلمانوں کی لاش بھی تو دھرتی کے کیڑے مکوڑے کھاتے ہوں گے''

''چپ رہو.....ہمارے زرتشت کا یہی حکم ہے''

سنگ تراش کے ذہن میں بنی ہوئی تصویر بالکل واضح ہے۔ 'کارخانے کے مالک' کے حکم کی تعمیل ہم 'کامگاروں' کی ذمہ داری ہے۔ کہانی کار (سنگ تراش) کے ذہن میں بنی ہوئی کچھ اور تصویریں دیکھئے۔ کہانی کی صنعت گری میں..... 'کارخانہ' ہے ٹاور آف سائلنس (باؤلی)..... 'کارخانے کے کامگار' ہیں منوچہر، رستم اور عادل گجدھر..... 'گدھ' ہے تکنیکی صلاحیت (آپ مشینیں کہہ لیں)، 'لاش' ہے خام مال ہے اور 'نفع بخش پیداوار' (پروڈکٹی ویٹی) کے طور پر حاصل ہے، نجات، مکتی (مرنے کے بعد بھی کسی کے کام آجائیں)۔

کہانی کی صنعت گری کا حال یہ ہے کہ 'گدھ' کی صورت تکنیکی صلاحیت ماند پڑ چکی ہے۔ وجہ صاف ہے، مقابل صنعت گروں کی پھیلائی ہوئی آلودگی..... تکنیکی صلاحیت کے ماند پڑتے ہی 'خام مال' کی کھپت میں دشواری پیش آرہی ہے..... تکنیک میں بدلاؤ لانے کے لئے دو فیصلے لئے جاتے ہیں..... پہلا یہ کہ باہر سے بہتر مشینیں (گدھ) منگوائی جائیں، دوسرا یہ کہ کام کرنے کے طریقے میں بھی کچھ تبدیلی ہو (سولر سل)۔ مگر نتیجہ کیا ہوا:

''صبح منوچہر کی آنکھ کھلی۔ وہ سیدھا باؤلی میں پہنچا۔ سیڑھیاں چڑھ کر اوپر گیا۔ دروازہ کھولا اور وہاں کا منظر دیکھ کر اس کے پیروں میں جان نہ رہی۔ اس کے ہاتھ سے دروازہ کا پلا چھوٹ گیا اور وہ وہیں پر ڈھے سا گیا۔ سامنے لاش تقریباً صحیح سلامت تھی۔ مگر چاروں طرف سے گدھ ایسے بے حس و حرکت پڑے تھے جیسے اس کا سوگ منا رہے ہوں۔''

عجیب اتفاق ہے کہ ٹھیک یہی حال ۱۹۷۴ء میں ٹاٹا اسٹیل کی مینجمنٹ کا ہوا تھا، جب مغربی جرمنی (تھیسن) سے درآمد شدہ نئی تکنک اپنائی گئی اور Sponge Iron (خام مال) سے فولاد (Steel) بنانے کے لئے ایک نیا پلانٹ (Bottom Blowing Oxygen) لگایا گیا۔ مگر تقریباً چار سو کروڑ روپئے کی لاگت سے تکمیل شدہ یہ پروجکٹ بُری طرح ناکام ہو گیا۔ کمپنی دیوالیہ ہوتے ہوتے رہ گئی، کہ ٹاٹا کمپنی تھی۔ نئے پلانٹ کو فوراً پرانی تکنیک (Top Blowing Oxygen) سے فولاد بنانے کے لئے استعمال کر لیا گیا۔

مجھے 'گدھ' پڑھتے ہوئے اکثر احساس ہوا ہے.....کیا نیاز اختر ٹاٹا اسٹیل کی انتظامیہ کی اس ناکامی سے

واقف تھے؟......کیا نیاز اختر صنعت گری کے تمام اصول وضوابط سے آشنا ہیں؟....بس دو باتیں سمجھ میں آئیں.....وہ ایک کہانی کار ہیں اور:

آتے ہیں غیب سے یہ مضامیں خیال میں

میں 'گدھ' کو ایک صنعتی علامتی کہانی مانتا ہوں۔

یوں تو نیاز اختر کہ کئی کہانیوں نے مجھے متاثر کیا ہے۔ مثلاً 'ٹرمنیٹر'، 'رنتھی'، 'حقیقت'، 'افعی'، 'کتا' وغیرہ۔ 'ٹرمنیٹر' کا تھیم انوکھا ہے۔ نباتاتی وزرعی تحقیقات کے تحت نئی نئی فصلوں اور مختلف اقسام کے بیجوں کی دریافت سے تو واقفیت تھی، مگر 'بانجھ بیج' کے بارے میں نہیں جانتا تھا۔ اخباروں سے کسانوں کی خودکشی کی خبریں ملتی رہتی تھیں، مگر خودکشی کی ایک وجہ 'بانجھ بیج' بھی ہوسکتی ہے، نہیں معلوم تھا۔ نیاز اختر کی کوشش رہتی ہے کہ اس طرح کی اَن چھوئی زمین سے کہانی کاڑھی جائے۔

'گدھ' کا تھیم تو فضائی آلودگی ہے۔ 'افعی' کا تھیم 'آبی آلودگی' کا مسئلہ اُٹھاتا ہے۔ ناگفتہ بہہ حالات کی سفاکی کا اندازہ اس سے لگایئے کہ، حالات کے خلاف اُٹھنے والی آواز کو بھی صنعتی مافیا ہمیشہ کے لئے خاموش کر دینے سے باز نہیں آتے۔

'رنتھی' کے تھیم کو بھی مَیں 'آلودگی' سے ہی تعبیر کروں گا۔ مگر اس آلودگی کا تعلق آب و ہوا سے نہیں بلکہ انسانی اقدار سے ہے، سماج اور تہذیب سے، جس کی حد درجہ تنزلی و پستی کے اسباب ہیں، لالچ، ہوس، کرپشن، گندی سیاست۔ ہمارے ملک میں چھوٹی بڑی صنعتی اکائیوں کی بھرمار تو ہو ہی رہی ہے۔ علاج ومعالجہ کے لئے 'میڈیکل سنٹر'، 'نرسنگ ہوم'، 'کلینک' اور پانچ ستارہ ہوٹل جیسے 'پرائیویٹ ہسپتال' بھی اب 'نفع بخش' 'بزنس سنٹر' ہوکر زیادہ سے زیادہ پیسے کمانے کی مشین بن چکے ہیں، جہاں ڈاکٹروں کا اُٹھایا ہوا HippocraticOath (انسانی خدمت کا عہد نامۂ بقراط)، ہسپتال کے احاطے سے دور کھڑا اسسکیاں لیتا دکھائی دیتا ہے اور اندر Hypocracy کا تانڈو جاری ہے۔

'حقیقت' اور 'کتا'، کو میں نیاز اختر کی نفسیاتی کہانیاں مانتا ہوں۔ مگر دوبارہ کہنا چاہوں گا کہ ان میں بھی نفسیاتی مکڑجال کی پیچیدگی نہیں ہے۔ 'حقیقت' ازدواجی زندگی میں 'بیوی' کی اس نفسیات کو اجاگر کرتی ہے، جہاں ٹوٹ کر محبت کرنے والی بیوی، اپنے اور شوہر کے بیچ کسی تیسرے کا وجود برداشت نہیں کرسکتی، خواہ وہ تیسرا کمرے میں در آنے والی خوبصورت سی تتلی ہی کیوں نہ ہو جو کمرے کے شوکیس میں سجے ہوئے 'مصنوعی' پھولوں کو حقیقی سمجھ کر عموماً آجایا کرتی ہے۔ کمرے میں تتلی کا آنا جانا چونکہ شوہر کو بہت پسند ہے اس لئے بیوی کو ناپسند ہے۔ تتلی اس کی رقیب ہو جاتی ہے......اور تب، کہانی کا اختتام یوں ہوتا ہے:

''میں نے بیگم کو آواز دی اور پوچھا.....وہ تتلی کہیں نظر نہیں آرہی ہے۔ میرے غائبانے میں وہ کمرے میں نہیں آتی تھی کیا؟......آتی تھی، لیکن ایک دن تتلی کے آتے ہی میں نے شوکیس کا شٹر ہٹا دیا اور تمہارے ان مصنوعی پھولوں کے گلدستے کی اور تمہاری حقیقت اسے بتادی''

نیاز اختر، اس کے بعد بھی دو ایک جملے بڑھا کر کہانی کو آگے بڑھانا چاہتے ہیں۔ مگر کیا ہی اچھا ہوتا کہ یہ کہانی

.....'تمہارے ان مصنوعی پھولوں کے گلدستے کی حقیقت اُسے بتادی' پر ختم ہو جاتی۔اس جملے میں 'اور تمہاری حقیقت' بھی اضافہ ہے اور اس کے بعد کے جملے بھی۔نفسیات کے ہر دریچے کو کھولنا ضروری نہیں ہوتا۔قاری کو کبھی کبھی تھوڑا سا پیاسا چھوڑ دینا چاہیئے۔

کہانی 'کتا' بھی ایک نہایت ہی حساس نفسیاتی اشاریہ ہے۔جس میں انسان وحیوان کی اپنی اپنی نفسیات بھی ہے اور دونوں کے بیچ کا ایک نفسیاتی پچ بھی۔مسز نائر اور ان کے ٹائیگر دونوں کو قصداً ہوش وحواس سے محروم کر دیا گیا۔نشہ ٹوٹا تو اپنی انانیت کے ٹوٹ جانے کا غصہ مسز نائر نے ٹائیگر پر اتارا کہ وہ بھی اس کی حفاظت نہ کر سکا۔کتے کا نشہ ٹوٹا تو وہ شرمسار ہے کہ اس کی موجودگی میں مالکن کا سب کچھ لُٹ گیا۔اور حیران حیران سی ایک تیسری آنکھ جو کبھی مسز نائر کو دیکھ رہی ہے تو کبھی ٹائیگر کو۔ٹائیگر کے انجام کے بغیر یہ کہانی ختم ہو جاتی ہے۔انجام کی یہی پیاس تو کہانی کو سیراب کرتی ہے۔اس لئے میں نے اسے 'نفسیاتی اشاریہ' کہا ہے۔

کہانی کار نے جس کہانی سے کتاب کا نام تراشا ہے، ظاہر ہے وہ کہانی اہم ہوگی۔ڈاکٹر کوثر مظہری کے بارے میں خوب جانتا ہوں کہ وہ 'سانچے' والے ناقد یا مبصر نہیں ہیں، متن کا مطالعہ کرنے کے بعد ہی اپنی رائے پیش کرتے ہیں، لہذا ان کی رائے میں: 'بوڑھا برگد' ہماری قدیم تہذیبی میراث کی علامت ہے، جس کے تحفظ کے لئے ہم اپنی جان بھی دے سکتے ہیں۔

منظر کلیم کی یہ رائے کہ نیاز اختر نے اپنی کہانیوں میں قصے سے زیادہ کردار کو اہمیت دی ہے۔اور تب انہیں 'جٹا شنکر' ایک ایسا کردار نظر آتا ہے جو 'ملک کی آزادی' کی علامت ہے۔

ان دونوں ناقدین کی آراء کا اثر مجھ پر یہ پڑا کہ مجھے 'ہندوستان کی آزادی' اپنی قدیم تہذیبی میراث نظر آئی اور جٹا شنکر اس کی حفاظت میں جان کی بازی لگا دینے والا ایک ہندوستانی کردار۔اگر میں جٹا شنکر کو کہانی کا سب سے اہم کردار مان بھی لوں تو 'ہندوستانی کردار' نہ مان کر 'ہندوستانی ہندو کردار' مانوں گا۔

مابعد جدیدیت کے رجحانات میرے پلے نہیں پڑتے۔نہ میں ادب وتاریخ کی موت کا قائل ہوں، نہ خالق وتخلیق کار کی موت کا۔نہ ہی میں تکثیریت کا قائل ہوں، نہ اسٹرکچرل ادب وشاعری کا۔تانیثیت بھی ایک حد تک ہی مجھے قائل کرتی ہے، حد سے گزر جائے تو 'کالی' کے پاؤں کے نیچے مجھے 'شیو' کا آکار دکھائی دینے لگتا ہے اور کالی کی حیرت و ندامت سے نکلی ہوئی زبان۔اگر مجھے مابعد جدیدیت میں کوئی چیز بھاتی ہے تو ادب کی قرأت میں 'قاری' کا اختیار اور اس کی حیثیت۔مگر میں قاری کو یہ حیثیت واختیار، ادیب یا ادب کو موت کا جان لیوا مژدہ سنا کر نہیں دینا چاہتا۔

میری نظر میں نیاز اختر کی کہانیاں نہ صرف زندہ ہیں بلکہ دوران قرأت مجھ سے ہمہ وقت باتیں کرتی رہی ہیں۔مجھے دوران قرأت کہانی کار کی سوچ کی سانسیں بھی محسوس ہوتی رہی ہیں اور نبض احساس کی دھڑکنیں بھی۔پھر بھی نیاز اختر کی کہانیوں کے ایک قاری کی حیثیت سے مجھے یہ اختیار حاصل ہے کہ میں ان کی کہانی کی تفہیم اپنے طور پر کروں۔سو میں نے کیا ہے۔سواب کرنے جا رہا ہوں۔

ظاہر ہے جناب منظر کلیم اور ڈاکٹر کوثر مظہری نے بھی ایک قاری کی حیثیت سے اپنے اختیار کا استعمال کرتے

ہوئے کہانی کا بھرپور تجزیہ پیش کیا ہے۔ جو خوب ہے، بہت خوب ہے۔ مگر، ذرا ایک بار پھر سے آپ یہ کہانی پڑھ لیں۔ میں بطور خاص اس کہانی کے اندرون بہتے ہوئے Under Current کی طرف اشارہ کرنا چاہتا ہوں: "(یہ برگد) زوال پذیر مغلیہ دور حکومت، برطانوی سامراجیت، گوری پلٹن کے جبر واستبداد کے علاوہ ہر چھوٹے بڑے حادثوں کا چشم دید گواہ ہے"...... جٹا شنکر اس برگد کا پجاری ہے..... برگد کے ساتھ اس کا سنٹی منٹل لگاؤ ہے.....اس سنٹی منٹ میں ان کے اپنے بیٹے بہو شامل نہیں ہیں......ایک بار برگد کی ایک موٹی ٹہنی ٹوٹ کر گر گئی تھی تو وہ یوں زار و قطار رویا تھا جیسے اس کا کوئی سگا اس سے ہمیشہ کے لئے بچھڑ گیا ہو.....جٹا شنکر جو 'انگریزو، بھارت چھوڑو' کے زمانے کا فریڈم فائٹر تھا، آزاد ہندوستان کا فریڈم فائٹر نہیں بن سکا، محض برگد کا پجاری بن گیا۔

میری قرأت میں اس گاؤں کی کہانی کا سب سے بڑا اور اہم کردار جٹا شنکر نہیں، خود برگد کا پیڑ ہے۔ جٹا شنکر تو برگد کا ایک سنٹی منٹل پجاری ہے۔ برگد کے دوسرے چاہنے والے بھی ہیں، مگر پجاری نہیں ہیں، پجاری بھی ہوں گے مگر ویسے سنٹی منٹل نہیں ہوں گے۔ آگے آپ ایک ایک جملے کی تہہ تک اتر کے اس کی تاویل وتعبیر میں ڈوب جائیے تو شاید آپ کو ایسا لگے کہ:

برگد کا پیڑ، غلام اور آزاد ہندوستان، دونوں کی علامت ہے کہ زوال پذیر مغلیہ حکومت، برطانوی سامراجیت، گوری پلٹن کے جبر واستبداد کے علاوہ ہر 'چھوٹے بڑے' حادثوں کا 'چشم دید گواہ' ہے۔ اس اشارے پر بھی غور کیجئے کہ اسی برگد (ہندوستان) کی ایک موٹی ٹہنی (پاکستان) کے ٹوٹ جانے پر جٹا شنکر (ہندو ہندوستانی) زار و قطار رویا تھا، جیسے اس کا کوئی سگا اس سے ہمیشہ کے لئے بچھڑ گیا ہو۔ یہ جٹا شنکر کون ہے جو غلام ہندوستان کا فریڈم فائٹر تھا مگر آزاد ہندوستان کا فریڈم فائٹر نہیں بن سکا (صرف زار و قطار رویا)۔ اگر اب بھی 'انتہا پسند ہندو تنظیم' کی بو نہیں محسوس ہو رہی ہو تو اگلا اشارہ یہ دیکھئے.... برگد (ہندوستان) کا پجاری بن گیا۔ اس اشارئے پر بھی غور کیجئے کہ اس انتہا پسند تنظیم کے سنٹی منٹ میں خود ان کے اپنے شامل نہیں ہیں۔ گاندھی، امبیڈکر، نہرو، رادھا کرشن، نمبودری پد، جیوتی باسو، رام منوہر لوہیا..... یہاں تک کہ (اپنا بیٹا) اٹل بہاری باجپائی بھی۔

آخری بات۔ کہانی میں نیاز اختر نے اس 'بوڑھے برگد کے انت' کی طرف بڑھتے ہوئے قدم ہی دکھائے ہیں۔ برگد کا ابھی انت کہاں ہوا ہے۔ برگد کا انت ہو جاتا تو کہانی کچھ اور ہوتی۔ ایک قاری کی حیثیت سے میں کہانی کار کی سوچ میں شامل ہوں، مجھے بھی اس بات کا یقین ہے کہ اس برگد کا انت کبھی نہیں ہوگا۔ ہاں! شاید ڈالیاں ٹوٹتی رہیں گی، یا توڑنے کی کوششیں جاری رہیں گی۔ سنٹی منٹل پجاری کی لاش ضرور لٹکے گی، ایسے پجاریوں کا انت ضرور ہو جائے گا۔ کہانی یہی تو کہہ رہی ہے۔

# مہدی علی - اہل قلم کی نظروں میں

● ''پروفیسر مہدی علی کی کلاسکی شاعری معتبر اور صالح روایتوں کی امین ہے۔ شاعری، ادب و ثقافت ان کی وراثت میں شامل ہے۔ مہدی علی کو زندگی جس رنگ اور جس کیفیت میں ملی اس کا اظہار ان کین غزلوں میں ہے اور یہ حقیقت ہے کہ انہوں نے اپنے سفینۂ غزل کو بحر حیات کے تموج سے دور نہیں رکھا۔ مہدی صاحب صنف سخن کے مخصوص مزاج سے اچھی طرح باخبر ہیں اور اس لئے انہوں نے اپنی خاندانی وراثت و روایت کو پیش نظر رکھتے ہوئے اس میں ذاتی فکر و فن سے گرانقدر اضافے کئے ہیں۔ ان کے یہاں لب و لہجے کی متانت و شائستگی بھی ہے اور رفعت خیال بھی، عصری آگہی کا شعور بھی ہے اور سلیقۂ سخن آرائی بھی۔ ناقدانہ بصیرت بھی ہے اور جذبات کی حرارت بھی۔ الفاظ کا حسن کارانہ استعمال بھی ہے اور ندرت کلام بھی۔'' (بہزاد فاطمی)

● ''اردو غزل فارسی غزل کی طرح دنیائے شاعری کی آبرو ہے۔ شاعرانہ خیالات کا اس سے بہتر ذریعۂ اظہار ادب کی کسی دوسری صنف میں موجود نہیں۔ یہی وجہ ہے اس کی عام مقبولیت کی۔

آج کل عام طور پر جو غزلیں چھپ رہی ہیں وہ نہایت فرسودہ قسم کی ہیں۔ ایسا معلوم ہوتا ہے صکہ اردو ادب میں غزلوں کا ایک طوفان آیا ہوا ہے۔ اس طوفان میں جب کبھی غزلوں کا کوئی ایسا مجموعہ سامنے آجاتا ہے جس کے اشعار میں ذاتی تجربات و احساسات کا خلوص و رسوخ اور اظہار بیان کی پختگی و عمدگی ہوتی ہے تو محسوس ہوتا ہے جیسے کہ کوئی نعمت مل گئی ہو یہ اردو تغزل کی وسیع روایت میں انفرادیت کا وہ نمونہ معلوم ہوتا ہے، جس سے شاعری کے مستقبل کی توقع پیدا ہوتی ہے اور جس کے مطالعہ سے طبیعت میں فرحت ہوتی ہے۔

مہدی علی کی غزلیں اہل ذوق کے لئے ایک ایسا ہی تحفہ ہے۔ انہیں پڑھ کر محسوس ہوتا ہے کہ ایک پختہ فکر اور قادر الکلام شاعر نے زندگی اور زمانے کے حالات و واقعات کا جو براہ راست مطالعہ بہت غور و خوص کے ساتھ کیا ہے، اسے بہتر سے بہتر پیرائے میں بیان کر دیا ہے۔ (پروفیسر عبدالمغنی)

● ''پروفیسر مہدی علی خاندانی شاعر ہیں۔ ان کا شاعرانہ کمال ان کی غزلوں سے ظاہر ہوتا ہے ان کی زیادہ تر غزلوں سے شاد کا رنگ جھلکتا ہے۔ مہدی صاحب غزل کے رموز سے واقف ہیں اور غزل کی زبان میں غزل کہتے ہیں۔ ان کی غزلوں میں غزلیت کے ساتھ نہایت نفاست ہے اور بے سروپا شاعری سے ان کی غزلیں کوسوں دور ہیں۔ پروفیسر مہدی علی نے غزلوں کے حسین ڈھاگوں میں نہایت خوش نما موتی پروئے ہیں جن کا لطف بھولا نہیں جاتا۔''
(نقی احمد ارشاد)

● ''برگ حنا کے شاعر (پروفیسر مہدی علی) نے غزل کے روایتی پیکر میں جس کرب کو پیش کیا ہے وہ ایک پوری نسل اور قوم کا کرب ہے، جس نے آزادیٔ وطن کے خواب دیکھے تھے اور اب ان خوابوں کی تعبیر دیکھ کر حیران ہے۔ یہ وہ نسل ہے جس نے کچھ خاص قدروں سے محبت کی ہے اور اب ان قدروں کے انہدام کا خاموش تماشائی ہے اور یہ وہ قوم ہے جس کے دل میں اپنی بے بسی کے غم کے ساتھ ساتھ اپنی عزت و ناموس کا احساس بھی زندہ ہے۔ شاعر نے اپنے آپ کو گزری ہوئی راتوں کا خواب، دیمک زدہ کتاب، وقت سے غروب ہونے والا آفتاب زندگی کے لئے عذاب اور سطح دریا پر نمودار ہونے والا حباب کہنے کے بعد جس طرح کے اشعار کہے ہیں وہ ایک خاص ذہنی کیفیت کا اظہار اور بظاہر شکست کے باوجود حوصلہ کے پست نہ ہونے کا ثبوت ہے۔

دراصل یہ کیفیت صرف مہدی علی کا حصہ نہیں ہے۔ اس میں ان کی قوم کے ایسے بیشتر لوگ شریک ہیں جنہوں نے چالیس پچاس برس پہلے تزئینِ گلستاں کے نقشے میں خونِ جگر سے رنگ بھرا تھا۔ مگر آج ان کی نگاہوں کے سامنے باغ کا سارا منظر دھواں دھواں ہے اور وہ خود اپنی حیثیت کے بارے میں بے یقینی کی ایک عجیب وغریب کیفیت سے دوچار ہیں۔ اس لئے برق و نشیمن کے استعارے میں پروفیسر مہدی علی نے اس پوری قوم کے احساسات کو پیش کیا ہے جو ۱۹۴۷ء کے بعد تیزی سے روبہ زوال ہو رہی ہے۔

بہترین روایات اور صلاحیتوں کے مالک ہونے کے باوجود اپنی ناقدری کا احساس پروفیسر مہدی علی کی غزل گوئی کی اساس ہے۔ یہ انفرادی احساس ایک اجتماعی کرب سے ہم آہنگ ہو کر ان کی شناخت بن گیا ہے۔

(ڈاکٹر اعجاز علی ارشد)

● ''کلاسیکی شاعری اردو ادب کی روح ہے اور جو چند لوگ اسے زندہ رکھے ہوئے ہیں ان میں ایک نام پروفیسر مہدی علی کا بھی ہے۔ پروفیسر مہدی علی نے شاعری کو کبھی پیشہ نہیں بنایا بلکہ اسے ایک طرح کی عبادت سمجھا۔ شاعری کو نہ تو انہوں نے سیاسی استعمال کا ذریعہ بنایا نہ پرچم یا نعروں کی طرح کسی ازم سے جڑے رہے۔ ایک خالص ادب کی تخلیق اور ادبی سرگرمی کو زندہ رکھنا ان کی زندگی کا مقصد رہا۔ خاموشی کے ساتھ بغیر کسی شور شرابے کے عبادت کی طرح شاعری کی اور اپنی غزلوں سے زندگی کے معنی کو نئی شکلیں عطا کیں۔

مہدی علی نے زندگی میں گھلنے والے رنگوں کو قرینے اور صفائی سے اپنی غزلوں میں پرو کر الفاظ کو نئے معنی عطا کئے، نئے محاورے گڑھے۔ شاعری کو انہوں نے عشق و محبت، ہجر و وصال کی بندھی ٹکی روایتوں سے ہٹ کر سماجی رشتوں سے ہمکنار کیا۔ انسانی رشتوں کی تشریح کی۔ ان کی غزلوں میں خوش گواری اور سرشاری کا احساس ہوتا ہے۔ موجودہ سماجی رشتوں کی عکاسی اپنی غزلوں میں انہوں نے بہتر ڈھنگ سے کی ہے۔ ان کی شاعری کلاسیکی رنگ اور لب ولہجہ اور نازک احساسات سے پُر ہے۔ ملک کے سیاسی، سماجی حالات کو بھی انہوں نے بہتر ڈھنگ سے شعری پیکر عطا کیا ہے۔

(فضل امام ملک)

◄◄ ● ►►

● پروفیسر جابر حسین

# غزل اور مہدی علی

غزل ایک انتہائی حیر انگیز وسیلہ اظہار ہے۔ یہ انسانی ذہنی عمل کی طرح ایک پیچیدہ لیکن ناگزیر صنف ہے۔ اس کی حیرت انگیزی اس کی متضاد تعریفوں سے بھی نمایاں ہوتی ہے۔ کسی نے اسے اردو شاعری کی آبرو کہا تو کسی نے نیم وحشی صنف سخن۔ غزل کو نیم وحشی صنف سخن کہنا غزل کی فنی خصوصیات اور اس کی روح سے ذہنی طور پر ہم آہنگ نہیں ہونے کی علامت ہے۔ غزل کے ادبی اور تہذیبی ارتقاء میں مختلف تہذیبوں کے باہمی امتزاج کی بازگشت جاری وساری ملتی ہے۔

جناب مہدی علی غزل کے کہنہ مشق شاعر ہیں۔ شاعری، ادب وثقافت ان کی وراثت میں شامل ہیں۔ غزلیں کہنا ان کی مجبوری بھی ہے اور خاندانی روایات کی پاسداری بھی۔ ان کی غزلیں کلاسیکی روایات اور عصری تخلیقیت کے سبب فکر وفن کا حسین امتزاج پیش کرتی ہیں۔ الفاظ وتراکیب، رموز وعلائم، سب کے سب وہی ہیں، جو غزلیہ شاعری کی جان ہیں۔ احساس کی شدت اور جذبے کی آنچ نے ان کی شاعری میں جان ڈال دی ہے۔ ان کی غزلیں کلاسیکی انداز فکر میں دور جدید کے کرب کا خوبصورت اظہار ہیں:

شادابیِ گلشن سے یہ اندازہ ملا ہے
اس سال گلستاں کو لہو تازہ ملا ہے

دوسری خوبی جو ان کے یہاں خاص طور سے نظر آتی ہے، وہ ان کی ناقدانہ بصیرت ہے۔ ان کے اندر چھپا ہوا نقاد جب اپنے آپ پر ناقدانہ نگاہ ڈالتا ہے تو اسے زمانے کی شکست کے ساتھ اپنی شکست کی آواز بھی سنائی دیتی ہے۔ یہی وجہ ہے کہ بیشتر اوقات ان کی غزلوں میں ان کے باطن کا انکشاف ہوا ہے۔

میرا مقصد مہدی علی صاحب کی غزلوں پر کوئی تبصرہ کرنا نہیں۔ جو باتیں ان کی غزلوں کے مطالعے کے دوران میرے ذہن میں آئیں میں نے انہیں قلم بند کر دیا ہے۔ یوں بھی میں غزل کو اچھی بری کہنے کے حق میں نہیں ہوں کیونکہ غزل اپنے قاری یا سامع کو اس سطح پر جا کے پکڑتی ہے۔ غزل کا ہر شعر منفرد اور جداگانہ معنی رکھتا ہے اور اپنے پڑھنے یا سننے والے کو اس کے تجربات ومشاہدات اور اس کی ذہنی سطح پر ہی متاثر کرتا ہے۔ ممکن ہے کسی غزل کا کوئی شعر کسی کی تسکین بخشی کا ذریعہ ہو تو کسی اور کے لئے صرف الفاظ کی بازی گری ثابت ہو۔

◄◄ ● ►►

**• شفیع مشہدی**

# مہدی علی - ایک بہترین دوست

مجھ سے جب یہ فرمائش کی گئی کہ مہدی علی صاحب کے بارے میں کچھ لکھوں تو جیسے یادوں کے خرمن میں ہلچل سی مچ گئی۔ ناسٹلجیا (Nostalgia) شعور پر حاوی ہوگیا اور آنکھیں بند کیں تو ذہن کے پردوں پر چار دہائیوں سے زائد کی یادیں دست و گریباں ہونے لگیں کہ مجھے لکھو۔ میں کسے لکھوں اور کسے چھوڑوں؟ اس کے لئے تو ایک دفتر چاہئے۔ ان گنت چہرے سرگوشیاں کرنے لگے۔ یادرفتگاں نے دل میں کسک پیدا کردی اور میں نے قلم رکھ دیا۔ شاید میرے لئے کچھ لکھنا ممکن نہیں تھا۔ مگر ڈاکٹر سہیل صاحب کا پھر فون آیا۔ میں ان کے خلوص کا قائل ہوں اس لئے ان کی فرمائش کو فہمائش سمجھتا ہوں۔ حکم تھا کہ لکھنا ہوگا۔

کہانی ۱۹۶۲ء سے شروع ہوتی ہے جب میں نے ملازمت شروع کی تھی اور مونگیر میں جوائن کیا تھا۔ عروس البلاد دہلی سے براہ راست مونگیر۔ ایسا لگتا تھا جیسے شہر سے ویرانے میں آ گیا ہوں۔ اجنبی شہر اجنبی لوگ، جی میں آتا تھا کہ واپس چلا جاؤں۔ ڈاک بنگلے میں قیام، سندھی ہوٹل میں طعام اور بے کیف شام سے بے حد الجھن ہو رہی تھی کہ اچانک کلکٹریٹ کے برآمدے میں حسنو بھائی (حسن امام ملک۔ چیواڑہ) سے ملاقات ہوگئی۔ وہ ایسے شفیق و مخلص کہ میرے درد کا درماں بن گئے۔ انہوں نے اظہار الحق صاحب سے ملوایا اور اظہار صاحب نے مہدی علی صاحب سے ملوایا۔ پھر یہ سلسلہ اتنا طویل ہوا کہ ڈاکٹر منصور صاحب، جسیم صاحب، حلیم صاحب، رام سروپ ضبط سیتاپوری، خلیل صاحب، پرمیشور پرشاد سنہا، حکیم باقر حسین شاعر لکھنوی، تقی صاحب شاعر بجنوری، شرف بہاری، مہدی حسن اور دیگر مخلصین کا ایسا حلقہ بنا کہ مونگیر میں گذارے مہہ وسال زندگی کا گراں قدر سرمایہ بن گئے۔ میں نے جو چند نام لئے ہیں ان میں اب جسیم صاحب، مہدی صاحب اور حسنو بھائی ساتھ دے رہے ہیں، بقیہ داغ مفارقت دے گئے۔ اعداد شمار کرتا ہوں تو سودا خسارے کا ہی رہا ہے۔

بہت جلد ہی میں مہدی صاحب کا پڑوسی بن گیا اور شب و روز ایسے گذرنے لگے کہ آج بھی یاد کرتا ہوں تو طبیعت بے چین ہو جاتی ہے۔ میں تنہا تھا اس لئے میرا گھر کلب بن گیا تھا جہاں شام کو سارے لوگ یکجا ہوتے تھے۔ اظہار صاحب جیسے مخلص و سنجیدہ لوگ بھی اس محفل میں اپنی بذلہ سنجی پر اُتر آتے تھے اور مہدی علی تو محفل کی جان تھے ہی۔ انجمن رس گلہ خوران بنی، بزم احباب قائم ہوئی۔ ڈاکٹر منصور صاحب کی سنیچری (کھچڑی کی دعوت) اور شائع بن

لیمن (یعنی لیمون کی چائے) مہا بیر کے رس گلے اور شاعری..... بس یہی اس میکدے کا مشغل تھا۔

ان دنوں مہدی صاحب جوان تھے اور میں نوجوان تھا۔ یہ رفاقت اتنی گہری ہوئی اور اتنی پائیدار کہ الفاظ میں اس کا بیان ممکن نہیں۔ مہدی علی کو شاعری وراثت میں ملی تھی۔ آپ کے والد جناب فضل علی خاں صاحب شاد کے شاگرد تھے اور ان کی کلاسیکی شاعری (جو ضائع ہوگئی۔) سن کر ہم دم بخود رہ جاتے تھے کہ ایسے گوہر نایاب، گمنام رہ گئے۔

یوں تو مہدی صاحب کی شخصیت میں بہت ساری خوبیاں ہیں مگر دو چیز ان کی شخصیت کو امتیاز عطا کرتی ہے ......وہ ہے ان کی شاعری اور ڈائری۔ وہ پچھلے ساٹھ برسوں سے شاعری کررہے ہیں اور تقریباً ستر برسوں کے شب روز کا مفصل حساب ان ڈائریوں میں محفوظ ہے۔ وہ کھانا اور سونا بھول سکتے ہیں مگر ڈائری لکھنا نہیں بھول سکتے۔ اس لحاظ سے ان کا نام گنیز بک آف ریکارڈ میں شامل ہونا چاہئے۔ میں نے ان کی ڈائریاں دیکھی ہیں۔ ہر صفحے پر کچھ Codes یعنی خفیہ نشانات بھی ہوتے ہیں جنہیں کوئی دوسرا نہیں سمجھ سکتا۔ ان Codes کو وہی Decipher کر سکتے ہیں۔ ایک دو کوڈ مجھے معلوم تھے۔ ان سے جو اعداد و شمار نکلتے ہیں ''وہ رازہائے سربستہ'' کو افشاء بھی کرتے تھے اور عروج و انحطاط کا گراف بھی بناتے تھے۔ وضاحت کرنی ممکن نہیں کہ افشائے راز کا اندیشہ ہے اور امانت میں خیانت کا بھی پہلو ہے۔ اپنی علالت اور مجبوریوں کہ باوجود ڈائری جاری ہے۔

مہدی علی کی شاعری کو دو حصوں میں تقسیم کیا جاسکتا ہے۔ ایک تو ان کی سنجیدہ شاعری اور دوسری ظریفانہ۔ مجھے چونکہ دونوں ہی قسموں سے فیض یاب ہونے کا شرف حاصل ہے اور میں کہہ سکتا ہوں کہ اگر وہ ظریفانہ شاعری کو عام کرتے تو اردو کے صف اول کے مزاح نگاروں میں ان کا نام آتا۔ اس ظریفانہ شاعری کا وہ حصہ جسے وہ -Non Veg کہتے ہیں اور جسے چند ہی لوگ سن سکے ہیں، لاثانی ہے۔ دشواری یہ ہے کہ اردو تہذیب اسے شائع کرنے کی اجازت نہیں دیتی۔

مہدی علی صاحب کے ساتھ دشواری یہ ہے کہ وہ شریف آدمی ہیں اور ہر شریف آدمی کی طرح بیگم کے اسیر رہے ہیں۔ کہا جاتا ہے کہ ہر کامیاب آدمی کے پیچھے عورت کا ہاتھ ہوتا ہے۔ مہدی صاحب کے ساتھ یہ محاورہ پورا اترتا ہے ''ہاتھ ہونا'' محاورہ ضرور ہے مگر خالق محاورہ نے یہ وضاحت نہیں کی ہے کہ ہاتھ سر پر ہوتا ہے یا گریبان پر۔ میں وضاحت کرکے گنہگار نہیں ہونا چاہتا۔ میں بیگم مہدی علی کا شکرگذار ضرور ہوں کہ انہوں نے مجھے اتنی چائے پلائی ہیں، پان کھلائے ہیں اور ناشتہ کھلایا ہے کہ میں اس قرض کو تازندگی نہیں اتار سکوں گا۔

مہدی صاحب کی دو تین کمزوریاں ہیں۔ ان میں سرفہرست پان اور بیگم ہیں۔ ان پر تساہلی اور کاہلی، کا الزام بھی دوست لگاتے تھے جو میری نظر میں غلط ہے۔ چونکہ بعض امور میں بلکہ خاص امر میں ان کی ''تیز گامی'' قابل رشک رہی ہے۔ [اللہ جانے اب کیا حال ہے]

یادوں کا ہجوم، شعور پر غالب ہے۔ بزم احباب کے افراد [جن میں بہت سارے ساتھ چھوڑ چکے ہیں] نگاہوں میں گھوم رہے ہیں۔ کس کس کا تذکرہ کیا جائے اور کن کن واقعات کو صفحۂ قرطاس پر لایا جائے...... یہ ممکن ہی نہیں ہے:

کریدتے ہو جواب راکھ جستجو کیا ہے

بیشتر حضرات ساتھ چھوڑ چلے۔ مہدی صاحب [ اللہ ان کی عمر دراز کرے ] محاورۃً ساتھ دے رہے ہیں ورنہ گوشہ نشین ہیں اور علالت سے معذور ہیں۔ یہ میری ستم گری ہی تھی کہ میں ایک دن زبردستی انہیں اپنے گھر پر ہونے والی نشست میں لے آیا تھا۔ غنیمت ہے کبھی کبھی ملاقات ہو جاتی ہے تو پرانی باتیں یاد کر کے دل اداس ہو جاتا ہے۔ عجیب محفل تھی وہ جس میں ضبط صاحب اور منصور صاحب جیسے وضعدار بزرگ بھی تھے اور مجھ جیسا نوجوان بھی جسے بقول ڈاکٹر منصور صاحب ''ابھی تو تمہارے کھانے کھیلنے کے دن ہیں۔'' کھیل ختم ہوا۔ داستان باقی ہے۔ جی میں آتا ہے کہ پوچھوں:

مقدور ہو تو خاک سے پوچھوں کہ اے لئیم
تو نے وہ گنج ہائے گراں مایہ کیا کئے

● ڈاکٹر سہیل

# ورق در ورق

"چولی دامن کا ساتھ" ایک پرانی مثل ہے۔علم اور مطالعہ کے لئے یہ مثل صادق آتی ہے۔علم تو درسگاہوں میں حاصل ہوجاتا ہے مگر علم کی گہرائی اور فن کی گیرائی مطالعہ کے بغیر تشنہ کام رہتی ہے۔علم حقیقت ہو یا علم معیشت، علم حیوانیات ہو یا علم نباتات، علم الٰہی ہو یا علم غیب، علم دین ہو یا علم الیقین، علم مجلس ہو یا علم کلام، سبھوں پر عبور مطالعہ کا محتاج ہے۔ پہاڑوں کی بلندی، سمندر کی گہرائی، اس کے تلاطم اور موجوں کے زیر و بم، کلیوں کا کھلنا، پرندوں کا چہکنا، آفتاب کی گرم شعاعیں، ماہتاب کی فرحت بخش ضیا پاشی، آسمان پر ستاروں کی درخشانی، برسات کی پھواریں، شمع پر پروانوں کی جاں نثاری، آندھیوں کی زد میں بھی اپنی بقا کے لئے چراغ کی زور آزمائی، توجہ اور دلچسپی کے ساتھ انہیں دیکھنے پرکھنے اور غور کرنے پر سبق آموز علم حاصل ہوسکتا ہے۔ فطرت کی صناعی اور قدرت کے نظام کے صحیح مطالعہ کے بغیر یہ علم حاصل کرنا ممکن نہیں۔ان تمام علوم اور فنون کی کتابوں کے علاوہ ایک کتاب اور بھی ہے جس کے مطالعہ میں جانفشانی اور عرق ریزی کو بھی بہت حد تک دخل ہے۔ یہ کتاب ہے کتاب زندگی جس کا عنوان تو ایک ہے مگر ہر ورق کی تحریر الگ اور ہر باب کا موضوع جدا۔اس میں پے در پے حالات بدلتے ہیں، نئے واقعات روز نمودار ہوتے ہیں۔زندگی کہیں ایک حسین خواب ہے تو کہیں جان لیوا عذاب، کبھی دھوپ ہے تو کبھی چھاؤں، کبھی پا لینے کی خوشی تو کبھی کھو دینے کا غم، کبھی مسکراہٹیں ہیں تو کبھی آنسوؤں کی داستان، کہیں تشنگی ہے تو کہیں آسودگی۔آج زندگی وہ ہے جس سے خلوص و مخلص ایسی ہجرت کر گئے ہیں کہ انہیں ڈھونڈنے کے سارے جتن بے سود، ایسی پر پیچ کتاب کا صحیح مطالعہ اور اس مطالعہ سے کچھ مرتب کرنا بڑا ہی کھٹن کام ہے۔

جب قلم آمادۂ تحریر ہوا اور موضوع تحریر شخصیت نگاری، تو شخصیت کی تعمیر کے لئے ذہن کو آب وگل فراہم کرنے کی جستجو کرنی پڑی۔ شخصیت کسی کے اطوار، فطرت، عادت و خصلت، ادارک و فہم، فکر وفن کی مجموعی عکاسی کرتی ہے۔ زندگی میں پل پل بدلتے ہوئے حالات اور شب و روز نشیب و فراز سے دل و ذہن متاثر ہوتا ہے اور مجروح بھی اور جب دل و ذہن متاثر ہو تو شخصیت بھی فطری طور پر اثر پذیر ہوئے بغیر نہیں رہ سکتی۔ کسی کی شخصیت کا صحیح علم اس سے ذاتی قربت، اس کے تمام حالات کی بھر پور واقفیت، اس سے نجی تعلقات اور معاملات کے بغیر نہیں ہوسکتا اور پھر اس کی روشنی میں کشادہ دل، وسیع ذہن اور غیر جانبدارانہ نظریہ کے ساتھ پوری بصارت اور عقل و شعور کی حد میں مطالعہ کے بعد ہی ممکن ہے۔

شخصیت نگاری کا جوکھم اٹھانے کے لئے جب ذہن کمربستہ ہوا تو غیر ارادی طور پر تصورات کی نظروں کے سامنے ایک شبیہہ نمودار ہوئی اور پھر ذہن میں تعمیر شدہ یادوں کے معبد کے دریچے پے در پے کھلنے لگے۔ پرانی یادیں

ذہن کے پردۂ بصارت پر آشکار ہونے لگیں اور گذری ہوئی باتیں حافظہ کے نہاں خانہ سے صدائے بازگشت بن کر پردۂ سماعت سے ٹکرانے لگیں اور رفتہ رفتہ وہ شبیہہ قریب سے قریب تر ہوتے ہوئے بالکل روبرو ہوگئی۔

ہلکا گندمی رنگ، گول چہرہ، ڈاڑھی اور مونچھوں سے عاری، اوسط قد، منھ میں گلوریاں، تجربات، علم اور فراست کی چمک سے بوجھل آنکھیں، بھاری بھرکم نپا تلا قدم، یادوں کے نقوش اور نمایاں ہوئے تو شبیہہ اور واضح ہوگئی۔ پتہ چلا وضع داری اور رواداری کے پیکر، وضع قطع، لباس، فطرت میں سنجیدگی، گفتار میں متانت، انداز رہائش، رکھ رکھاؤ، ہر اعتبار سے پرانی تہذیب کے پروردہ نظر آئے۔ ورنہ اس دور میں یہ خصوصیات نہ دیکھنے کو ملتی ہیں اور نہ میسر ہیں۔ محبت ہمدردی، دانشمندی یک رنگی، عاجزی، لطافت اور یک جہتی کی جیتی جاگتی تصویر:

یہی وہ تیر ہیں جو دل میں اُتر جاتے ہیں

ہم جلیسوں سے بے تکلف مگر تہذیب کے دائرہ میں۔ وقار و خودداری ہمیشہ عزیز رہی۔ غرض ایک مقناطیسی شخصیت جو ایک بار ملا وہ ان کی قربت کا اسیر ہوا:

بہت لگتا ہے جی صحبت میں ان کی
وہ اپنی ذات میں ایک انجمن ہیں

وہ جس سے ملتے خوب ملتے۔ انداز ملاقات سے یہ اندازہ لگانا مشکل کہ ملنے والا ان کے لئے کتنا معتبر ہے یا کس حد تک ان کا معترض۔ ان کا شیوہ ہے۔

ہم کشادہ دل ہیں کشادہ مزاج ہیں
ہم کو راہ میں جو ملا دوڑ کر ملے

اپنی نجی زندگی اپنی خواہش اور شوق سے جینا پسند کرتے ہیں جس میں کسی کی دخل اندازی ان کے لئے قابل قبول نہیں۔ خانگی زندگی اپنی ہے، اور اپنے طور پر بسر کرنے کا حق سبھوں کو ہے۔ عوامی زندگی میں ضرورت کے مطابق حالات کے مطالبہ پر زندگی کو ڈھالنے کا ڈھنگ بھی وہ خوب جانتے ہیں۔

خطوط نویسی ان کا محبوب مشغلہ اور ان کی خوش خطی طباعت کا شبہہ پیدا کرتی ہے۔ عمدہ اور لذیذ کھانوں کے شوقین اور کھانے کے مواقع تلاش کرنے کی جستجو بھی ہمیشہ رہی۔ میٹھے کے دلدادہ ہمیشہ رہے، شاید اسی میں ان کی شیریں زبانی کا راز مضمر ہے۔ بے تکلف ملنے والوں میں کسی نے کوئی نئی چیز خریدی خواہ وہ جوتہ چپل ہی کیوں نہ ہو، اس کے افتتاح کی فرمائش میں انہیں لطف آتا اور پھر کم از کم چائے نوشی کا دور ضرور چلتا۔ دعوتوں میں (بصد احترام) دستر خوان پر محتاط نہیں رہتے مگر میزبان کے انتخاب میں احتیاط ضرور برتتے۔

ان کی نجی محفل لطافت آمیز گفتگو، مزاحیہ جملے بازی اور شعر و شاعری سے آراستہ ہوتی۔ انگریزی پڑھانا ان کا پیشہ۔ اس زبان کے ایک مستند استاد اور دیانت دار ممتحن۔ اردو سے والہانہ محبت اور فطری کمزوری۔ مغرب اور مشرق کی اس آمیزش نے ان کی شخصیت کو دو آتشہ بنا دیا ہے۔

شاعری وراثت میں ملی اور سرشت کا حصہ بن کر ان کا خوشگور مشغلہ بنی ہوئی ہے۔ انہوں نے اپنی غزلوں